與君賞玩天地寬

—— 我在傾聽你的說法

陳 福 成 編

文 學 叢 刊

文史哲出版社印行

國家圖書館出版品預行編目資料

與君賞玩天地寬：我在傾聽你的說法/ 陳福成編.--初版 -- 臺北市：文史哲, 民 102.05
頁; 公分（文學叢刊；294）
ISBN 978-986-314-111-2（平裝）

1.中國詩 2.中國小說 3.文學評論

821.886 102008807

文學叢刊 294

與君賞玩天地寬

— 我在傾聽你的說法

編者：陳福成
出版者：文史哲出版社
http:// www.lapen.com.tw
e-mail：lapen@ms74.hinet.net
登記證字號：行政院新聞局版臺業字五三三七號
發行人：彭正雄
發行所：文史哲出版社
印刷者：文史哲出版社
臺北市羅斯福路一段七十二巷四號
郵政劃撥帳號：一六一八〇一七五
電話886-2-23511028 · 傳真886-2-23965656

定價新臺幣三八〇元

中華民國一〇二年（2013）五月初版

ISBN 978-986-314-111-2 08294

自序：與君賞玩天地寬・撞出美麗炫酷的火花

這些年來，自己僅提著一顆赤膽忠心，到處橫衝直撞，椽筆到處亂揮；又像是一顆沒有軌跡的流星，任由天命和因緣，到處亂竄……如此這般搞下去，因緣際會和不少朋友竟也撞出美麗的火花，發現與君賞玩天地寬。

這本書是與君賞玩撞出的美麗花果，是諸君的作品，我只負責編成。

第一篇各章是兩岸文壇詩人十家，針對我的現代詩集《性情世界》（台北，時英出版社，二〇〇七），所寫的評論，分別發表在葡萄園詩刊。

第二篇各章，國內八位詩人文學大家，針對我的小說《迷情・奇謀・輪迴》（共三集，分別出版於二〇〇七、二〇〇九年間，二〇一一年元月再出合訂本），在評論會中所提出的評文，分別發表在《藝文論壇》。

第三篇算是山西芮城劉焦智的專篇論述，近幾年來我和山西芮城的焦智兄「撞」出不少美麗的火花，這些火花竟也照亮一片小小的夜空，又結了不少好緣。我選編焦智兄的一些書信，從這些書信看到一件事，我們往來所談、心中牽掛的，從來不是個人的私利，而是如何發揚中華文化？如何振興中華民族？如何促進兩岸文化交流？以使未來的統一能產生「水到渠成」的效果。

第四篇「在久旱不雨中得到了甘露的『鳳梅人』」。雖已在《六行人》收錄，但編本書我有如「丈母娘看女婿」，故又放在本書，以窺我們一路走來確實沒有「白做工」，我們想做的確實做到了，至少對六十歲的我和焦智兄有交代了。等到有一天我們都走到人生的終站，不論怎麼走的！我們都無愧於天地，無愧於列祖列宗，我們人生沒有白走一趟！

「中華大廈得以昂首挺胸的一塊柱石」一文，可視爲全書的總結，當然也是總結我和焦智兄這些年苦心所經營動機爲何？就是要喚醒兩岸中國人，勇於成爲中華大廈的一塊柱石。在這個問題上，我從來不客氣、也不謙卑，而大聲驕傲的說：「我是中國人也是台灣人，中國和台灣都是我的」；「我是炎黃子孫，復興中華文化從我開始……」我希望這一代的中國人要如此自許，要有這樣的魄力，中國在廿一世紀才會有希望，成爲國際上被敬重的大國強國。

收錄奇人王梅生那篇文章，我也是有動機（企圖）的，我希望能給王梅生帶來一些正面，甚至有用的效果，或能有幫助吧！

尾聲有兩岸詩人木斧、范揚松、萬嵩、金土、雪飛等，揚起悅耳之頌詩。感謝本書所有的作家、詩人和文化人，與君賞玩天地寬，我在傾聽你的說法。我以一個編者的角色，把大家的因緣編在一起，因而我們人生更美麗。（陳福成草於二〇一二年春、台北蟾蜍山萬盛草堂）

與君賞玩天地寬

——我在傾聽你的說法

目　次

二〇一一年九月鄭州、芮城「六人行」回來後，在台北天成飯店開檢討會。左起：陳福成、吳信義、陳定中將軍、江奎章、吳元俊、台客。

在安徽一個叫宏村的古村落。多年前！

大約三十多年前照於金門某地。

獲頒中國文藝協會詩運獎，文壇大老鍾鼎文頒獎，2007 年 6 月 19 日。

在劉焦智弟兄出生成長的窑洞前
左起范世平、劉焦智、天使熊貓、劉有光

山西芮城好友，左起：范世平（本書後頁書法提字者）、劉焦智、天使熊貓、劉有光。

三月詩會詩人近照。前排左起：潘皓、王幻、謝輝煌、麥穗、關雲、狼跋、丁潁；後排左起：傅予、金筑、林靜助、蔡信昌、童佑華、台客、陳福成、文林。2012 春　台北

二〇〇八年淡水漁人碼頭。左起：陳福成、落蒂、彭正雄、林靜助、林精一。

拜訪高雄詩人鍾順文，在他的「詩碑」前合影，左起：林靜助、雪飛、鍾順文、蔡雪娥、劉玉霞、陳福成、林明理、林精一。二〇〇九年，左營公園。

參加藝文推展論壇，左起：一信、徐天榮、台客、陳福成、林靜助、潘皓、林芙蓉。二〇〇八年台北

參加遠望雜誌年會，二〇〇八年

文壇聯誼活動，前排左起：管管、雪飛、林靜助、丁文智、張默、金筑、古月，後排左起：鄭雅文、辛牧、徐瑞、方明、林精一、落蒂、陳福成、徐小翠、彭正雄。二〇〇九年三月三十一日，國軍英雄館。

《紫丁香》詩刊創刊，全體編輯委員在老田西餐廳合影。前排左起：一信、林靜助、狼跋、雪飛；後排有彭正雄、林芙蓉、陳福成、金筑、台客、吳元俊等人。民98年11月25日。

秋水詩人群埔里兩日遊。前排右二是秋水掌門人，涂靜怡大姊。二〇〇九年四月

畫家喻文芳小姐贈畫，二〇〇九年

三月詩會詩人參觀畫家蔡信昌（正中）畫展，左起：陳福成、關雲、王幻、雪飛、謝輝煌、金筑，二〇一〇年五月二十日

洛陽女畫家李克霞小姐贈畫
2012 年 9 月

本書作者近照，2010 年 3 月。
攝影：盧其周。

到台南參加藝文座談，南北作家合影，
前排右二是本書作者。2008 年

2007 年 8 月文曉村到山西芮城，拜訪劉焦智，
參觀「鳳梅人」中華道德展覽館。

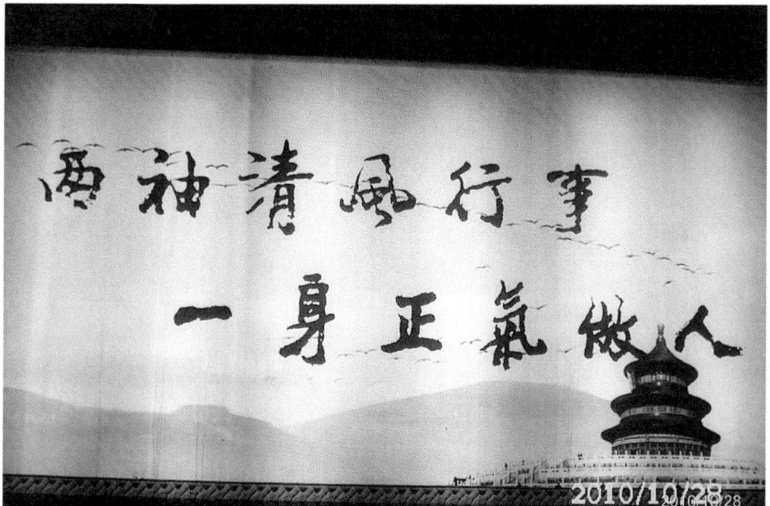

2010 年 10 月山西芮城，看見一幅我很欣賞的廣告看板。

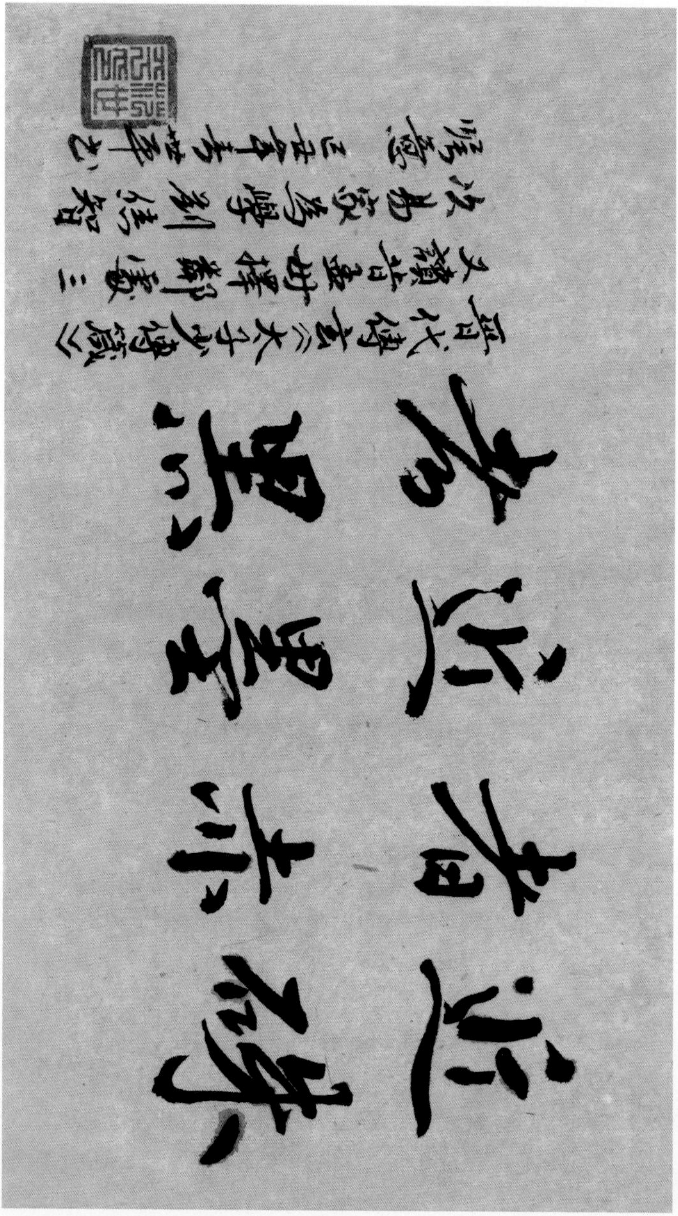

山西芮城書法家范世平作品

第一篇　《性情世界》詩集評論專輯

2011.9.11

第一章　寒梅孵卵敬老娘

——讀陳福成的《性情世界》

文曉村

以前，我只知道陳福成是台灣大學一位退休教官，偶而，也有新詩發表。記不得是那一年，台客電話約我去台大出席陳福成的新書發表會，因身體欠佳，未能如願。

去歲，台客和范揚松兩位同仁，推荐陳福成加入《葡》社，才算有了見面的機會。又因，他以獨資創辦的《華夏春秋》雜誌相贈，並邀我寫稿，我也在該刊第四期發表了一篇〈淡江夕照下，晚風柔〉的評論，追悼詩人張朗，也算真正進入了所謂的文字交，成爲朋友。

《華夏春秋》，是一本「以中國學爲核心思維，宣揚中華文化」的刊物，頗受兩岸學者作家的重視，不知何故，出過第五期後，宣告停刊，令人惋惜。

不久，我便收到陳福成一本題爲《春秋記實》的詩集，全書以批判台灣「三一九槍案」前後的社會亂象爲主題，表達詩人內心的悲痛與憤怒。寫政治批判的詩，不但要有敢於對抗掌權者的勇氣，也要能夠不脫離詩的本質和詩歌的藝術。這裡，只引兩句：

扁不殺人，扁竟殺人；
殺法翻新，民奈扁何？

——〈打「一一九」給上帝〉

扁者何人？不必明言，聰明的讀者，心照不宣。讀過〈箜篌引〉的讀者，必更莞爾。詩人欲效春秋之筆。撻伐亂臣賊子，豈能不置一言？吾其信哉。

繼去歲的《春秋記實》，本年初，陳福成又推出了一本《性情世界》的情詩集，柔情蜜意，宛若另一個人的作品。

這本所謂情詩集中令人莞爾的好詩很多，容不一一道及，我要談的是令我深深感動的作品。譬如〈寒梅〉：

一身傲骨，八方吹不動
就算冰天雪地，環境惡劣
你依舊挺立昂然
告知天下：堅貞純潔

一連幾個日夜，寒風刺骨
眾生跑的跑，躲的躲
衰的衰，謝的謝
你語帶風霜，字挾凜冽
說：我是中國

一連百餘年，在大風大浪中
你被撕的四分五裂
險些滅頂
風雪過後，新芽快速長大
你永恆不滅
鐵硬的身子裡流著炎黃的血

梅與松、竹，歷有歲寒三友之稱；梅、蘭、竹、菊，又有四君子之譽；國人更視梅花爲國花的共識。本詩以寒梅的堅貞純潔，無懼風霜凜冽的節操，寒冬過後，猶能快速成長，鐵硬的身子裡仍流著炎黃世胄的血液，象徵我中華民族俱有堅定不屈的高貴品質，和禁得起時代無情考驗的精神，爲本詩鏗然有力的主題，足可引起讀者的共鳴，值得一讀。

詩人往往都自視甚高，難得有自知之明。陳福成不同，他在本書中有一首自省之作：〈我的孵卵歷程〉，幽默風趣中，又極富深意，讓我十分感動。詩文如下：

我最早是用槍孵卵
二十年，竟孵不出什麼東東來

後來改用筆孵卵
不出五年，竟孵出了日月光明

現在我筆下可以生出和太陽一樣大的卵
可以生出像月亮一樣的蛋蛋
最近我心血來潮又開始孵卵
一顆一顆，圓圓亮亮

掛在天上
星星、月亮、太陽
其實後來我想通了
用槍、用筆孵卵都未必正確
用心、用腦袋孵卵才對

以孵卵象徵生活，妙趣橫生。作者在本詩中，一開頭便直接了當地說：「我最早是用槍孵卵／二十年，竟孵不出甚麼東東來」，反省的是二十年的軍人生活。「後來改用筆孵卵／不出五年，竟孵出了日月光明」，像太陽、月亮一樣的蛋蛋。這筆孵出的到底是什麼東東？詩人沒有明說，我猜想，大概應該是已經出版的二、三十本有關國防、軍事、戰略、兵學、兩岸關係和幾本詩學吧。但詩人在最後兩行卻說：「用槍、用筆孵卵都未必正確／用心、用腦袋孵卵才對」，頗有醍醐灌頂的靈明之悟，令人敬佩。

本書第五輯「想我未曾謀面的老娘」，是詩人二〇〇三年三月遊覽西湖、黃山的寫景記勝之作，但因抒發的是遊子返鄉之情；家國之愛，列入情詩，應該是大愛之情。這個組詩，共有十三首，第一首〈想我未曾謀面的老娘〉，只有七行，可以視爲組詩的序曲：「第一次出國竟是回國／急著想看看我那未曾謀面的老娘／飛機一落地就有感覺／說不上來，似曾相識／無論如何，總是老娘／啊！中國／看到了妳，我就放心」。

將從未親炙的故國稱之謂「未曾謀面的老娘」，是何等的誠摯親切，飛機一落地，就像真的看到了老娘而放心，一切的快樂，盡在不言的言外。之後的十二首，或寫情人的西湖，風波亭的岳武穆，許仙和白娘子打傘上岸，或寫峰峰相連通天都的黃山，或黃山之夜的夢境，筆調都很輕快活潑，讀來情味盎然。這裡，將〈西湖畔小酌偶感〉的後兩節抄錄如後，以見一斑而結束本文。

現在改革開放，積極幹活
門廳是法海坐堂
白娘子打理酒店
十二位美麗大方的小青一字排開
嫣然一笑，端茶上來
十二個少爺帥哥忙裡忙外
原來是許仙哥哥們
看他們幹活的神情可以保證

神州興起

照這樣幹下去
遲早白花的銀子淹過金山寺
淹過東洋、西洋人的腳目（註）

註：台灣以前有句話說：台灣人錢多淹腳目。腳目，指腳踝以上的部位。

第二章　姿彩萬千的吟哦

——管窺《性情世界》

金筑

常常收到兩岸三地詩人寄來詩集，各有千秋，各有風格特點，琳琅滿目。因現代詩的幅度寬廣，陳現的手法千變萬化，又因人而異，因環境的參差而不同，展示出來真是「千巖競秀，萬泉爭流」，繽紛景象歎爲觀止。詩人們寄來心血結晶，我非常珍惜，會利用時間閱讀，不盡全讀完，總要捉摸到詩人的一點心情特色，紛異雜陳之訣竅，高妙絕招之所在。現今是多元的時代，境況各有特殊，筆調各表深淺，能吸取到詩人的一點長處，集單一爲眾多，受益就匪淺了。

本社同仁陳福成先生，贈予我《性情世界》乙冊，先瀏覽、後細讀，真是姿彩萬千，卉朵繁放，光搖日月，風動八極，想像力層層深入，筆下涵泳多彩多姿的題材，展示疊疊起伏的詩想，及呼之欲出的深深鬱結，盡在詩句行間隱匿，要細心欣賞才能領悟。那些高來高去的武林絕招，穿梭詩句中，詩人好像掌握住金庸、古龍「劍在人在，劍亡人亡」的命脈，這是其他詩集中不易看到的。

《性情世界》詩集，體系分明，情緒的渲洩，有合理的渠道，有衍漫的變化，每一節度的歸納都恰到好處。整本詩集共分爲六輯，每一輯的第一首詩爲輯序的命名：「第一輯」是：去大肚山看媽媽；「第二輯」是：辦公室之花；「第三輯」是：與情婦訣別書；「第四輯」是：似曾相識，在樓蘭；「第五輯」是：想我未曾謀面的老娘，「第六輯」是：讀兩個人和一座山。

賞讀整本詩集的內容，篇篇詩題，聲聲節奏，片片深情，層層跳盪，融會其中，起伏奔馳，激動。我從字裡行間傳神共鳴，進入性情世界裡。首先來看〈去大肚山看媽媽〉——

「……這麼久沒去看媽媽，她一定在碎碎念了／山風有媽媽的味道／／住在這麼小的寶罐裡，鐵定不太舒服／總要等到一年一度兒女來開封／把妳請出來，讓妳高坐在上／給大家再一次相聚和話家常的機會……」。可想而知媽媽不在人世了，火化了，存放靈骨塔內，大概每年清明兒女來啓封一次，奠祭幾許清淚歎息，以懷念的心相聚。此次詩人因公繞道大肚山去看媽媽，一片孝心，相當動人。

「大肚山冷風日急，怕媽媽著涼／還是快些進屋裡吧！」

孝思之心，詞簡情深，簡短幾句詩，把衷心的緬懷表露無遺，深深的感人，我都快滴泣了。

另外一首〈巧遇梅峰禪修者〉——

「一個偶然的因緣／在梅峰農場古林區巧遇／入定千年，仍在禪修的／古巨松」

松樹我們常見，千年古松則不多見，在台灣深山有幾株。蒼松被人引為氣質高雅的君子，瀟灑飄逸之士；古松更是清妙絕塵，恬澹自甘，一身灑脫，無牽無掛。生長在深山，風景佳美之地，往往被騷人墨客將它推掀向不朽的歲月，超然物外的仙境。因此詩人說：

「千年紅塵不染塵／百回花叢不染身」

真是一個清高兀立，品性巔峰的聖者，也是詩人心中崇敬的榜樣，自我要求的嚮往，才有「當下拜師，傾刻領悟」之想，是的，太奇妙了。

二〇〇三年三月詩人到西湖，黃山等地旅遊，寫了十多首詩，第一首是〈想我未曾謀面的老娘〉——

第一次出國竟是回國
急著想看看我那未曾謀面的老娘

飛機一落地就有感覺
說不上來，似曾相識
無論如何！總是老娘
啊！中國
看到妳，我就放心

「第一次出國竟是回國」，許多老兵第一次探親都有這樣的心情，詩人不是老兵，應該是台灣的新兵，因爲脈源之故，產生同樣的感受，也有尋根的嚮往，乃不忘本也，所以他用「想我未曾謀面的老娘」這樣的標題來抒發感觸，非常恰切、適當、可愛。無論如何總是「老娘／……看到妳，我就放心」。詩人的眼光看得遠、看得寬、看得透，異於眼短近視之士，實在是一個智者。

在〈西湖〉這首詩中，表現得更透徹，解釋得更明白。——

「……今日一見就有／六分因緣三分親切／留下一分讓我們各自努力／／苦等了五十年的第一眼印象／不僅似曾相見／夢中魚雁往返／情人，妳該也是／傳說中的親人吧！」

詩人從小就接受「故國河山」的教育，血緣、傳說、習慣、文字、語言、宗教、歷史及祖宗廬墓的依存，感情上必然受到牽連。因此詩人在〈回想西湖當年〉等數首詩中和〈人在黃山中〉都有「回想」、「偶感」、「有感」、「疑惑」等思想的糾纏，結果在「一波波疑惑的問號」的引導下：「這是超現代嗎？」詩人產生新的靈感，新的迷思。

歷世歷代的許多殘酷困境，歪道絕招，有人陷入其中，自拔無力，結果身敗名裂；有的人看得開想得透，下工夫較量，游刃有餘，獲至好的開啓。詩人在此次旅遊中，有斷代的困窘，一頭栽入迷瘴黑霧，最後在〈人在黃山中〉前瞻的悟出——

「轉一個彎／便是另一個世界，換一個空間／現在進入一座絕美空靈的夢境／境中有你，你在境中／各造早已物我兩忘」

這是生長在這個世代明智者的想法，才會有了新的啓導，只要轉一個彎，要轉一個彎——

「飄然過一峰／想要瞧個清楚／夥然　默默／看不清妳的容顏／只見遠處有倩影／引著遊人再過一峰」

不要怕舊時代桎梏多厲害，現實樊籬重重疊疊，我們傳承青史的輝煌，踩踏先人們跡印，仍要衝破陰暗，過了一峰再一峰，看，前方有一個倩影，引著我們再過一峰，所以，不要灰心，要勇敢的繼續向前，迎接繁放真光的明天。

詩人的這本《性情世界》取材多樣，語氣透明爽朗，許多詩都是隨手拈來即是，溶通人情，風動四方，運思閃爍，律則均衡，氣勢流暢，造詞遣句順理自然。一般說來詩人尚有努力造勢的空間，需要再拿捏運作的寬廣尺度，增加詩句的推敲想像。希望詩人放棄政治口水紛爭，爲詩藝的壯麗吟哦，爲八方的詩運彰現春秋大義，拱戴詩壇美麗的日出。

二〇〇七年七月十九日

第三章 性情世界的民族情愫

田惠剛

台灣自由作家陳福成先生給我寄來了他的新詩集《性情世界》，請我指教。雖然一直十分忙碌，但盛情難卻。只得從間斷的閱讀中覓得一些靈感，草成此文。

坦率地說，《性情世界》雖是一個不錯的題目，但副標題「陳福成的情詩集」卻未必定位恰當。情詩一般指愛情詩。陳先生將其廣而化之，把所有感情詩（抒情詩、友情詩等等）統統列入情詩系列，也許有其深意，難容他人置喙。我不太清楚在台灣用語方面，「情詩」的內涵與大陸是否有別；但我卻覺得既然是情詩，不管怎麼說，一定要有豐富的感情蘊蓄其中。客觀地說，陳先生的有些詩寫得頗有特色(包括他的一些悟禪詩)，有的詩味濃濃，有的富於哲理。然而，給我印象最深的，還是他那性格世界中的民族情愫。

我們先來看他寫的〈山河頌〉：「山把河托起／一倒——／他就萬古流芳／／大地

的彩筆／劃破崇山峻嶺／劃破寂靜的時空／把時間拉長，向永恆／把時間擴張，向無限／終於把這張五千年的臉劃成多彩的大地／流也流不盡／／啊！山河大地／有母親的溫柔／有慢跑者的自強不息／不死的龍／把歷史舞成／一條永恆推動前進的路」。這是一首詠懷詩。儘管作者在安排詩行時有一個明顯的瑕疵，即：「終於把這張五千年的臉劃成多彩的大地」一句本可以從「臉」字斷開，這樣全詩看上去要協調很多，也生動很多。不過，這一瑕疵並未嚴重影響該詩的表現力。

該詩後面有一「小記」：「民國六十九年間，駐地在馬祖登高，天天望著祖國山河，無限感慨，寫成詩的筆記，很久很久以後，公元二〇〇四年春修訂，名題〈山河頌〉。」這首詩留給我的印象，是作者從一個特殊的角度寫出了從海峽的東面朝西面眺望的真切感受。神州地域遼闊，山川秀麗，高山大河無一不是大自然的傑作，無一不是大自然的大手筆、大氣象，無一不可抒懷，也無一不可入詩。在作者的筆下，山河構成了歷史的多維時空，大山不再靜止，大河更加律動，流溢出畫筆神韻；龍的傳人世代繁衍，推動著歷史前進，也使山河更加生輝。這就賦予了詩作以內在的張力，也增加了作品的可信度。可惜我沒有作者那樣的良機，甚至至今尚未獲得從海峽西面朝東面遠眺的機會——但我一直心嚮往之；豈止是嚮往，而且是神往——如果有，我會有什麼樣的感受？我會寫出什麼樣的詩來？我不曉得。我真的不曉得。

再看〈寒梅〉：「一身傲骨，八風吹不動／就算冰天雪地，環境惡劣／你依舊挺立昂然／告知天下：堅貞純潔／／一連幾個日夜，寒風刺骨／眾生跑的跑，躲的躲／衰的衰，謝的謝／你語帶風霜，字挾凜冽／說：我是中國／／一連百餘年，在大風大浪中／你被撕的四分五裂／險些滅頂／風雪過後，新芽快速長大／你永恆不滅／鐵硬的身子裡流著炎黃的血」。

這首詩配有作者西湖邊的留影，因此作者的「一連幾個日夜，寒風刺骨／眾生跑的跑／躲的躲／衰的衰，謝的謝／你語帶風霜，字挾凜冽／說：我是中國／／一連百餘年，在大風大浪中／你被撕的四分五裂／險些滅頂／」就肯定是有感而發。「一連百餘年」顯然係指甲午風雲後台灣所經歷的風風雨雨。以寒梅喻中國，這並不是特別新奇的構思；但作者在這裡頌揚了一種精神——寒梅精神，這種精神就是硬漢精神；龍的傳人將這種硬漢精神繼承下來，代代相傳，「風雪過後」仍「永恆不滅」，這種立意就有了一種詩化的寄托，最後歸結到民族精神的層面上，也就使全詩的境界豁然開朗。這是一種以小喻大的寫作手法。

又看〈想我未曾謀面的老娘〉：「第一次出國竟是回國／急著想看看我那未曾謀面

的老娘／飛機落地就有感覺／說不上來，似曾相識／無論如何！總是老娘／啊！中國／
看到了你，我就放心」。

「第一次出國竟是回國」這個句子相當新鮮，給人以新意，也使人警醒。它從一個詩意的角度把海峽兩岸的現狀點明，頗有一種無可奈何之感，但它竟然完全符合現實的真實，也完全符合邏輯。無需多用冗言贅語，作者熱愛祖國、熱愛中華民族的情愫通過這一句式已經躍然紙上。儘管作者當時從未到過大陸，但大陸在他的心中一直是「母親」，是「未曾謀面的老娘」，「似曾相識」。聽父輩講過，在書上看過，自然「似曾相識」。當飛機在停機坪停穩時，作者的心也便隨之平靜了下來，因爲他已經回到了母親的懷抱；看到了母親，他當然也就可以「放心」了。這首詩的感情相當質樸而真實，讀來讓人心動。

最後讓我們來看〈我獨立了〉這首詩：

「我要出頭天！」
「我要獨立！」
她向藍天白雲嘶喊了一百年
她終於獨立了

她還在這裡
她就是在這裡
她能去那裡？
她就生長在這塊大地。

作者這首詩是針對一禎玉山的照片有感而發的。山頂有一棵大樹，直指綴滿白雲的藍天。該詩以「我要出頭天」、「我要獨立」，大樹「向藍天白雲嘶喊了一百年」爲喻，比喻台灣人民爲爭取台灣從日本軍國主義的殖民統治下獨立而進行的抗爭，同時更進一步地暗喻目前台灣島內「台獨」逆流甚囂塵上；寓意深刻。

然而，這棵樹「還在這裡」，「就是在這裡」，「她能去那裡」？「她就生長在這塊土地」。事實昭然：這棵樹再引頸向白雲藍天，仍然離不了玉山的根基；玉山再引頸向白雲藍天，仍然離不了台灣的根基；台灣再引頸向白雲藍天，仍然離不了中國的根基！這一理念與日本諺語「儘管風在呼嘯，山卻不會移動。」實有異曲同工之妙。是啊，我們無需再作「台海陸架」之海洋地理學考察，甚至無須作海峽兩岸人民同祖同根、同文同俗的考證，台灣是大陸母體的一塊連心肉本是昭如白日的事實，任何人也無法否認。現在台灣當局大搞「去中國化」，最近又搞「去漢語化」，令人驚詫莫名，顯然是數典忘祖，是不得人心的。

筆者認爲：詩人的這首詩分量最重，給人的震懾力也最大，因爲它道出了一個顛撲不滅的真理：台灣自古以來就是中國神聖領土不可分割的一部分！這是不需要論證的——作者這首詩的力量正在於此。這也正是我願在百忙中撥冗寫下自己讀過這本詩集尤其是讀過這首詩之後的一點感受的最大原因。

註：田惠剛，西安外語大學教授。

第四章　由性談情詩趣多

——剖析陳福成詩作〈與情婦訣別書〉

范揚松

與陳福成教授交遊多年，飲酒論詩，切磋生命不下百回合，其間辯論時政，臧否人物，高談歷史，析辨謀略，福成兄常因胸中有獨到創見與謹嚴論證，而令我輩佩服。從皇皇三十餘冊著作發行海內外，即可見一斑。

在鑽研政治軍事之餘，福成兄亦從事詩歌藝術創作，原以爲只是戲言而已，但考察其發表詩作歷史，以及近年創作力遽增，才猛然發現福成兄生命底層裡有不可遏抑的澎湃詩情文思；尤其近期出版的《性情世界》詩集內容包羅萬象，選題不拘雅俗，將是「破譯」福成兄創作動機、風格、意圖、藝術表現，乃至於其生活觀、價值觀的最佳途徑，值得國內詩壇先進深入研究。

細讀福成兄大作，其中第二輯「辦公室之花」中有一首詩十分值得賞析，即〈與情婦訣別書—送載人舟最後一段路〉，筆者讀之再三心有所感，因不諳詩論批評，僅表達一些領悟到的見解，以就教方家。

此詩語言雖淺白，但意象十分突出，而且描寫具體鮮活，尤其將一雙舊鞋描摹爲「情婦」關係，不僅富有創意而且吸引人興緻盎然地閱讀下去，可謂藏有無限春光在險峰……

這麼多年了，我始終騎著妳，駕著妳
雙宿雙飛，不管幾天幾夜
妳都是那般情願的盡力配合
我們緊密結合，水乳交融成為完整的一體

作者巧妙地將客體（鞋）與主體（人）交融爲情婦曖昧關係發展，讓讀者擴大想像空間，產生偷窺慾望。在詩行與段落的佈局上，則也層層推進，描寫手法則愈來愈寫實，看似情色蕩樣，實則深情款款；看似情慾的滿足，卻是愛憐有加。作者第二段的寫作功力火候獨到；情愛描寫更加細緻但不流於擅腥，轉折頗爲大膽，但從作者喜歡登山，以征服百岳爲職志的攀登者而言倒也十分自然：「只有你永遠躺在我下面／翻一下身都願意／含情脈脈仰望著我」……

我卻從心所欲的壓著妳，像個不懂憐香惜玉的男人妳都不計較；我上爬妳跟得上；

我下走妳緊跟，就這樣，我們走過冰天雪地，走過千山萬水，把這份情留在黃山、
玉山、南湖、大霸、雪山……

讀者可以很直觀地認定這個情婦應非一般歡場女子，也不是妖嬌女，而是與作者出生入死，患難與共的革命夥伴。此時，「情婦」關係已昇華爲生命知己，事業拍檔，雙方的認同度、協作力與承諾感均已到「問情爲何物，直叫人生死相許」的境地。生命中價值的相契，人與物之間的相依，作者期望著地老天荒，海枯石爛，直到永遠」。可是人有生老病死，物有存亡滅毀。

作者對那雙鞋投入深厚情感，希望他「下輩子不要再是一雙載人舟／連舟上的布料也不要／也不要成為女人比姬妮上的一吋布料／成天在私處前窺晃，進退兩難。」詩人的感慨是出於愛與情，對物的價值，對人的尊嚴，都在句裡行間相互滲透交融，而令讀者忘了客體只是一雙破舊、將被棄置的鞋子（載人舟），詩人愛物如己，一方面反應作者胸襟與體貼，一方面也反應作者借喻比擬的功夫。

沒有不散的宴席，有聚就有離，有生便有死
妳一再堅持到死，走到老，走到不能走為止
但我始終不忍，不忍叫妳衣衫襤褸，拋頭露面……

作者始終以擬人化的方式描寫革命伴侶的青春正盛，到人老珠黃，殘破不堪。初讀福成兄的詩作會以一種白描式趣味性方式閱讀，若再深入探索，則可發現作者用情良苦，感慨深沉。通觀作者的作品語言平實，意象明確，讀來較不費心力但寓意均深，尤其作者在自諷自嘲時，特別顯現他遊戲人間的況味，其中暗藏深刻的生活哲理，往往爲人所忽略。

另一首詩〈如夢如雨〉亦想借此推薦賞析。

〈如夢如雨〉一詩是寫書法名家張夢雨揮毫的情景，因筆者亦在現場觀看，對應此詩所用的意象、語言、佈局及結構相當逼真寫實有如現場直播，場景生動有趣，活靈活現，令人讚嘆不已。每一段結尾均有驚人之句如畫龍點睛，僅摘錄佳句如下：

向右，飛龍在天
向左，飛揚拔群
在上，飛簷走壁
在下，飛沙走石
猛一收尾，在險峻的斷崖處勒馬
驚草入蛇，血壓上升

眾人驚魂未定，他筆陣橫掃
頃刻，大局抵定，鳴金收兵
眾人大吸一口氣，回座，吮一口酒
壓驚

詩集中作者寫出類似佳句極多，其他詩篇的驚句妙喻不及一一描述，有興趣研究的讀友可細細閱讀。

筆者一向以爲詩乃生活的一部份，可以興觀群怨，可以自我療癒；它屬於生命系統中的產品，什麼樣的生命情態，便會有何種類型的詩作。福成兄軍旅生涯三十年，嚴謹、緊張、有壓力，退休後投身於軍事政略文章書籍寫作而名重一時，享譽兩岸。閒餘則攀登大山或與好友相聚小飲，因此詩風那怕再浪漫隨性，選材儘管多種多樣，在每一首詩的深層中均有一個嚴肅的命題，值得研究者必須正視的事。

賞析福成兄的詩文，不可被其略嫌鬆散的語言所誤導，更不要被花草煽情的題材所矇蔽，須將這些表面煙霧抽離，方可顯現其真性子、深情感。在這部《性情世界》裡每一首當作如是觀，對福成兄這個人，亦當如是觀。

二〇〇七、七、七事變紀念日

第五章 詩情浸潤的世界滿園芬芳

——評陳福成詩集《性情世界》

許金瓊
蔣登科

陳福成先生是位博學多才的人，涉獵領域甚廣，產量頗豐，既研究中國歷史文化，又鑽研戰略和兩岸關係。他還從事新詩創作，繼《尋找一座山》之後，二〇〇七年二月又出版詩集《性情世界》，這是一部「情詩集」，作者一改在關注外在世界時的邏輯分析與推理，轉向對內在情感世界的經營與打量，春花秋月，美人香草，柔情俠義，充盈在這片獨自耕耘的園地裡，奇花異草相爭妍，滿園芬芳。

一、情到深處詩意濃

陳福成《性情世界》的大多數作品都關係著一個「情」字，無論是寫母親、戀人、朋友，還是表達對祖國夢牽魂繞的思念和重遊故土的渴望，都充盈著美好感情，字微而情深。詩歌是情緒流動的表現，抒情是主要方式。沒有情感的詩歌是沒有血液的，猶如一枝蒼白的桃花，是病態的，沒有生命的。劉勰在《文心雕龍・情采篇》論及造文時情之重要性道：「昔詩人什篇，爲情而造文，辭人賦頌，爲文而造情，何以明其然，蓋風雅之興，志思蓄憤，而吟詠情性，以諷其上，此爲情而造文也；諸子之徒，心非郁陶，苟馳夸飾，鬻聲釣世，此爲文而造情也。故爲情者要約而寫真，爲文者淫麗而煩濫。」唯有真性情，才是詩之正途，才具有真正的詩學價值，正如「桃李不言，下自成蹊」，或者相反如「男子樹藍而不芳」。陳先生這部情詩集，源於內心真實情感的流露與表達，尤以「情」勝。人類是情感豐富而複雜的動物，絕大多數人都經歷並擁有著幾份性質不同的感情：親情、友情和愛情。

親情，是從我們一出生就以血脈緊密相聯繫，母親正是這命定聯繫的一條紐帶，我們得感謝母親給予了我們生命，也贈與我們創造世界，享受人生，獲得愛情與友情的機會。〈去大肚山看媽媽〉是一首懷念母親的詩，詩人闖盪在台北都市，母親卻永遠留在了故土——彰化大肚山，青塚裡，餐風宿雨，不再說話。詩人偶因辦公，看望母親，猜測她的心思：「這麼久沒去看媽媽。她一定在碎碎念了」，「今天我正好順道，帶你出去散步／解解久未謀面的思愁」，媽媽的思念正是詩人自己對母親的深深牽掛，「山風有媽媽的味道」，詩人對母親的關懷細微而貼尉，「住在這麼小的寶罐裡，鐵定不太舒服／總要等到一年一度兒女來開封／給大家再一次相聚和話家常的機會」，「大肚山冷風日急，怕媽媽著涼／還是快些進屋裡吧！／給媽媽的錢，燒的滿天飛舞／翻成一封封給媽媽的信／香煙繚繞飄成片片思念／都快速穿透時空／伴你長夜」。紙錢燃燒，嗆眼的煙霧彌漫裡，「母親」似乎不曾永別，而只是到了一個異樣時空的世界，偶爾還可以回來和兒女們聊聊天。深沉而厚重的情感，流動在樸實而簡約的象形文字裡，隻言片語，迴腸盪氣，感人淚下。

中國古代文人以及許多有良知的中國知識分子深受儒家文化的浸潤，本著「齊家、治國、平天下」信念，追尋自己的人生理想，在他們看來，家和國是統一的，唇齒相依，共生共長，由於歷史的緣故，台灣與大陸幾十年的隔離，給兩岸人民的心上烙上了難以言說的傷痕，詩人在〈寒梅〉中以不畏風雪嚴寒的「梅」象徵我們在苦難中不斷前進和成長的祖國：「一百餘年，在大風大浪中／你被撕的四分五裂／險些滅頂／風雪過後，新芽快速長大／你永恆不滅／鐵硬的身子裡流著炎黃的血」。黃河是中華文明誕生的搖籃，黃河和長江哺育了我們的祖祖輩輩，歷史幾經變遷，地域封鎖隔離，然而血管裡流淌著相同的血液，這是無法更改的事實。詩人第一次回國，心情急迫，「第一次出國竟是回國／急著想看看我那未曾謀面的老娘」，飛機落地那刻，情不自禁喊出：「無論如何！總是老娘／啊！中國」。把對生養自己「母親」的愛，上升到祖國「母親」的思念和熱愛，「母親」這一稱謂張力擴大，情感昇華到一個更高的層次，突破了「小我」的局限，傳達了懷念國家的情感。

除了親情，人們還渴望擁有友情。朋友是一生中最爲珍貴的財富，俞伯牙和鍾子期互爲「知音」的動人故事，暗示我們知音難覓的道理，但一旦擁有，天之所幸。知音，一個重要的前提是有著共同愛好和目標，詩人緣於對詩歌的痴迷，縱然「終於來到秋水之湄和葡萄園鄉／滿山遍野都是奇花異草／個個都是人中龍象」，卻獨愛著「雁翼、木斧、沙馬、魯川、李明馨和蔣明英／華心、穆仁、段焰、荒田、何夕報和蔣登科」。（〈相思〉）據說人生有三大喜：洞房花燭夜，久旱逢甘霖，他鄉遇故知。在友人生日 Party 上，詩人偶遇有著「革命情誼」的黃埔老大哥，從前雖從未謀面，但作品的拜讀，無聲的文字的交流也算是老朋友了吧，老朋友意外相逢，欣喜之情自是非同一般。在〈讀一座崇山峻嶺〉中，詩人採用欲揚先抑的手法，稱讚「十六期老大哥」雖政治上不得志，在文學創作領域裡，卻創造了一座巍峨的高山，這座高山給予人們精神的食糧，名留青史。

在陳先生這部《性情世界》裡，熱烈而奔放，火紅得醉人的玫瑰，是詩人最爲鍾情的花朵，因爲愛神的降臨，春天永遠停駐在詩人心間。有人曾說，世界上男女愛情無非三種：你愛我我不愛你，我愛你你不愛我，最後一種最爲圓滿，即你愛我，我也愛你。暗戀的感覺，是奇妙而又神秘的，略帶橄欖苦澀的滋味，一個人心裡暗暗地獨自完成花開花落的歷程，欲近卻遠，「妳的美人間找不到／只許天上有／脫俗如『梅花』、如月／／只能在遠處欣賞／再怎麼看／都還『雲深不知處』……「敢『自由、愛、行動』／世間女子有幾／／在遠處欣賞妳的飄逸／比中秋賞月更有感覺」（〈暗戀胡美人〉）。愛情是一場戰爭，兩個人的戰爭，受傷是在所難免的，對對方的辜負，往往是不願觸及的回憶，但真誠的詩人卻敢於披露心中的「塊壘」：「生命中曾經有過的／那段／刻意要密封起來／終究又開封了／是曾經有過的辜負」（〈曾經辜負過的〉）。當然，你愛我我也愛你，兩情相悅是皆大歡喜的事情，愛情的力量是偉大的，它可以「深如海」，「堅如石」，「熱如火」（〈情〉），它也可以釀成人類難以抗拒的災害，「愛之水火漫淹全球／婚姻及聯繫兩性專家紛紛提出／治山防洪和防火企劃案／奈何水火無情／人人都陷入水深火熱之中／而說，這就是愛／在愛之慾火淫水的動盪／使整座人類叢林／重回洪荒」。（〈愛之水火〉），儘管如此，渴望愛人的心是急迫的，即使是萬年的等待也是值得的，「一年四季我總在湖邊等你」，「相約在春天／柳綠花紅／總要等到你來／就等一個午後的婉約／也值得萬年的等待／一年四季我總在湖邊等你」〈等誰〉，痴情地等，含蓄地愛，情到深處，每說不出。

二、敏銳發現中的智性之光

或許，詩人的神經相對於一般人而言，更爲纖細而敏銳，在他們的眼裡，一滴水，整片海洋；一粒沙，整個世界。常人爲日常生活中的「平常」所役和痲木著，平常人的日子總是瑣碎而平淡的，似乎沒有多少詩意可言，可陳先生卻總能在平常中發現詩意，在打破常規語言秩序的創造中表達他的發現，在感性體驗與理性思考的交匯中閃現出詩人智性的光芒。他的一首〈與情婦訣別書—送「載人舟」最後一段路〉，把一雙快打算扔棄的鞋比作欲與之訣別的情婦，意象新穎而別有一番情趣，「在這世上能有我們這樣親密關係的／夫妻、情人、紅粉知己……都不及我們」，「只有妳，永遠會躺在我下面，翻一下身都願意／含情脈脈地仰望著我／我卻從心所欲的壓著妳，像個不懂惜玉憐香的男人／妳都不計較，我爬上，妳跟得上，我下走，妳緊跟／就這樣，我們走過冰天雪地，走過千山萬水／把這份情留在黃山、玉山、南湖、大霸、雪山……」。在〈喝咖啡聊是非〉一詩中，詩人把水聲幻影裡流傳流言與是非的情景描繪得如此傳神，「兩個人躲進窩窿中做什麼？／把風聲和影子推出窗外／窗內，只剩／是非，在深幽的洞中」，用「窩窿」比喻裝飾華麗的咖啡廳，流言蜚語只能生長在黑暗不見陽光的地方，而咖啡廳私性的空間給流言傳播者提供了最佳的場所。「浸泡在瀧瀧濛濛的水聲，泡泡幻影／把流言蜚語相互種植在對方的心田／再續一杯杯；灌溉／竟引起一陣陣風災和水災」，「灌溉」，「水銀瀉地」幾個動詞的運用把流言在無聊寂寞的空氣裡流散，見縫插針，無孔不入的狀態描繪得非常傳神，而其中所蘊涵的諷刺意味則暗示了詩人對這種現象的鄙棄。

體物細微，對外在事物的關注，都源於詩人對生活真誠而熱情的擁抱，對生命、理想的執著追求，在上下求索中，詩人不斷反省自我，解剖自我，「絕大多數的人不認識我／白天的我不認識晚上的我／……我與眾不同，我認識我／我就是歷史，古早古早就有我／否則唐堯禹舜夏商周如何延續到今天」（〈我〉），現實中不同角色、面貌的橫向的「我」與歷史時間中縱向延伸的「我」（這裡的「我」不僅僅指作者本人，有更爲寬廣的涵義）相交叉，爲「自我」尋找一個坐標，這個「自我」是立體多面的，承傳著歷史割不斷的血脈和因緣。自我反省，自我解剖，從關注自我本身上升到另外一個高度就是探索生命本身及其意義，思之不得，詩人直接叩問蒼天：「什麼叫生命？給我一個定義／長度、高度、寬度多少？裡面裝了什麼？」答案是沒有啊，既然人的生老病死是我們無法掌握的，那麼擁有生命熱愛生命的人就應當提高生命的質量，正如詩人所說：「我會用心做每一道選擇題／是非題我特別小心／用我最適合的東西裝在填空題裡面／我也喜歡申論題／如果沒有功課題，我也不會偷懶／我會發揮創意，搞創造和發明／自創品牌／由此延長生命的長度／甚至永恆」（〈生命〉），新奇的比喻，巧妙地向人們抒寫著人類生存之道，以積極創造的姿態取代消極應付，閃爍出機智的光芒。

三、悲憫情懷與憂患之思

自古以來就有「文如其人」的說法，雖然不能絕對理解，卻也不無道理。「常太息以掩涕兮，哀民生之多艱」的屈子如果不是有著高尚純潔的人格和道德理想，是寫不出曠世絕唱《離騷》之類作品的，博得「詩史」美譽的杜甫如果不是出於對國家命運的關切和對人民水深火熱的艱難生活的同情，也不會有「感時花濺淚，恨別鳥驚心」的句子和傳誦長久的「三吏」、「三別」。詩是詩人用真誠與生命爲原料釀成的美酒，愈誠愈醇。

除了情感的謳歌和生命的思考外，在《性情世界》這座秘密花園裡，詩人把視線投向更爲廣闊的外面世界，時刻關注社會，對不良的社會現象，詩人給予及時回應和有力抨擊，「可有些人心沙漠化之嚴重／一輩子乾枯成／大沙漠／沙漠不斷擴大／使周邊地區快速沙漠化／一個個人心、社會、國家都將成為／一座大沙漠／生命絕機／無解的命題」（〈沙漠化〉），經濟發展，物質條件改善，卻使一些人缺乏精神食糧，心靈被沙漠化，變成了一片荒原。精神家園的喪失，心靈的荒漠，人類在如潮的物欲追逐中，淪爲了物的囚徒，「電信公司用機子／許多人的脖子被拴得緊緊的／隨時被牽著到處溜／無力掙脫」，「電腦是一種吸精大魔／許多人日夜被吸住……人倫道德吸走了／與父母形同陌路」，「名牌是另一種搖頭丸／被搖的瘋狂／每月被搖成心空空／無心有奶月光光」（〈牢〉），這是從一個詩人的獨特感悟揭示了「現代化」所潛藏的危機。對某些社會現象，詩人甚至進行了十分尖銳辛辣的諷刺，例如他的〈媒體〉，把媒體比作嗜腥的「貓」，「沉機觀變／攀爬／伸出利爪、攫取／切割」和貪婪的「禿鷹」，「用嗅覺神經佈下天羅地網／搜尋蛇、鳥、雞、魚……／一切新鮮肉品／不然，過期的也行／我就是能化腐朽為佳餚」。而對那些生活在社會最底層的弱者，詩人給予了深切的同情，詩人關注乞丐，一首以乞丐命名，另一首寫一個流浪漢從出生到晚年幾十個春秋悲慘流離的一生，多少辛酸回憶，讓讀者掬一把淚，寫到流浪漢晚年「晚年，經常躺在垃圾堆前／像一隻快斷氣的死狗／有一點力氣時，像塊燒光的殘燭／回想前塵，像極了這隻蠟燭／打生出來點燃生命之火／就不斷落淚、落淚……／直到火熄、淚乾、燭盡／殘燭已盡／死一條狗和死一個人有什麼差別？／我雖然快成為一隻死狗／卻也快成為人」（〈傷情人生〉）。流浪漢來到這個世界的一生似乎就是爲了一次苦難的旅行，命運安排著他從生下來就是要受人歧視，被人踐踏和遺棄，沒有人的尊嚴，活得不像人，自甘墮落下永無翻身之日，到了晚年，生命即將走向終點，苦難也將結束，流浪漢內心是寬慰的，因爲在另外一個陰冷的世界裡，將「成爲一個人」。憤怒而悲慘的詩情，我們感受到詩人那顆堅硬而柔軟的跳動著的心，作爲一位憂國憂民、具有社會責任感和博大的胸懷的詩人，陳先生流露在筆端的詩是沉郁慷慨的，動人心魄。

生活在台北都市的陳先生和中國古代晉時的陶潛有著共同的愛好：「性本愛邱山」，他在大陸很多的名山勝景留下的足跡也留在這部詩集裡，記得余秋雨曾說在中國幾千年的文化勝地裡，一個有靈氣的文人在那裡那麼一站，它所有深沉而厚重的文化蘊涵都隨之出來。美景飽詩人的眼福，詩人則賦予了它們靈氣，相得益彰。這本《性情世界》，恰如其名，是至性至情的作品，情深意切，視野開闊，閃現著智性的光輝。

這本詩集也將「情詩」的內涵給予了拓展。在一般人眼裡，情詩就是歌唱愛情的詩篇。但在陳福成的心目中，情詩是「有情之詩」，不單抒寫愛情。只要是詩人情之所至而形成的詩篇，都可以稱爲「情詩」，雖有泛化之嫌，但誰又能說詩歌不是這樣呢？（本

文作者許金瓊現爲重慶西南大學新詩所研究生，蔣登科爲指導教授）

二〇〇七年七月十日，重慶

註：蔣登科，重慶西南大學教授；許金瓊，研究生。

第六章　有情世界裡的生命歌吟

——讀陳福成詩集《性情世界》

馬忠

西元二〇〇七年初夏的一天，我突然收到一封寄自臺北的掛號信，小心拆開，——原來是部詩集。詩集的名字叫《性情世界》，作者陳福成。通過綠蒂先生的序，得知他是位博學多才的「城市遊俠」。詩集分爲六輯。展卷閱讀，感覺他的詩並非簡單地抒發個人情懷，也不是一味地調侃現實，而是以一種強烈的憂患意識和獨特感去關照現實生活和自己的情感歷程，並時時融深刻哲理於其中，給人一種新鮮感，又十分耐人尋味。

我們知道，人的心境對人的影響很大，審美心境對人的審美活動有直接的影響。審美心境往往會對映入主體頭腦中的景物塗上感情的色彩。唐代詩人孟郊得意時寫了這麼幾句詩，「春風得意馬蹄疾，一日看盡長安花」，喜悅之情躍然紙上。另一位唐代詩人杜甫，安史之亂時被俘，心緒極壞，他眼中的花在流淚，鳥也是驚弓之鳥，吟出了「感時花濺淚，恨別鳥驚心」的詩句。不同審美心境下，兩位詩人對生活的感覺完全不同。對於處在熱戀中的男女，對方的舉手投足，都會在心中投下美好的印影。你瞧：「只是驚鴻／回眸的一道波光／如春的季節／彩蝶飛舞／與花瓣　接吻／／每次回眸都是那道／晨光／就能裝扮每個／瀲灩的季節／瀾漫在山明水秀的心田／／你是彩蝶，我是紅花綠葉／你是晨光，我是那適宜戀愛的季節／你是陽光，我是能承擔讓你／撒野的／大地」〈秋波〉。在這首詩裡，詩人沒有重彈那些纏綿的老調，海枯石爛的動人誓言，而是把戀人回眸時的一個秋波引向透明，化繁雜為簡潔，變憂鬱為舒朗，讓心首先透明起來，亮麗起來，純淨起來，甜美起來，給人以一種煥然一新和眼前豁然一亮的愉悅感覺。

詩歌是語言的藝術。語言已命定地成為詩人惟一的領域。對語言的發現，就是對存在本身的開掘，就是向遠方推進我們經驗的邊界。詩歌的進步，在很大程度上應歸功於這樣一個事實，即詩人們已愈來愈清楚地意識到，只有作為語言的發現才是可能的。這樣一種語言，它既不是表現的語言，也不是摹仿的語言，而是一種發明的語言。我們通過發現它，同時也將發現我們自身：在那一剎那，語言和存在彼此照亮。「山在海上飄移／不久又浮上雲際／且有雲在山澗／而人／在虛無飄渺的空靈中／放眼望去／峰峰都是可以見證的／神話／／霎時／蓮花朵朵開／有芬芳霑惠／此刻，人人都是可知可感的

／神仙／面對一朵蓮花的微笑／此刻，我便是坐在蓮花上／一朵永恆的觀音」（〈蓮花峰〉）便是一種對現實景觀的表達，這些意象在傳達、演繹詩人的靈魂、心像和夢境。墨西哥詩人奧・帕斯說：「一首詩的真正思想不是詩人在寫作前所想到的某些東西，而是日後在他的作品中通過其構思或一種偶然的意外，所表現的某些東西。」

世界一切事物的存在和發展，都必須經歷一定的時間，也必然佔有一定的空間。也就是說，時間和空間是一切事物存在的形式。但是，現實世界中的時空和詩歌的藝術時空又有所區別。詩歌藝術時空是現實時空和詩人主觀審美體驗的統一，是詩人經過主觀審美觀照和藝術處理之後的美的時空。詩歌的時空往往帶給讀者巨大的驚奇感和強烈的審美愉悅。「晨風梳理過的蘇堤／和東坡剛出爐的詩／那樣吸引人／小鳥唱歌跳舞／遊人如織／宋高宗的遊船也已飄來／長橋不長，斷橋不斷，孤山不孤／北伐已遠／湖上晨昏一樣度春秋」（〈蘇堤春曉〉）。「東坡詩」、「高宗船」……我們看到詩人的激情在遼闊宏大的時空隧道中飛翔，他漫步蘇堤，卻可以「思接千載，視通萬里」，靠他靈動的思維和豐富的想像、聯想，實現了時空的整合轉換，創造出了奇美的詩境，獲得了不同一般的審美效果。

縱觀全集，短小之作居多，儘管如此，仍可看出詩人在詩藝方面的追求。比如對於詩歌虛幻之象的捕捉，我們可以〈等誰〉的片斷爲例，作簡單的剖析。「一年四季我總在湖邊等你／你一來，我就醉醺醺／迎風招展／風一走，柳枝空垂寂寞」。這最後一句即是心造的虛幻之象。因爲詩中有前三句的情景交待，空垂的原本是柳條，但作者避實就虛，偏說是「空垂寂寞」，既無理又有理，非奇非幻，亦奇亦幻，自然入妙，是詩人對最佳審美狀態的一種把握。關於真趣與理趣之美。如：「一切都只是假設／包括人生／無有亦無無／未來也未去／來去皆空／只是我們須要一個／求證的過程」(〈如來〉)：「成功路啊！在那裡？／地圖上有，可怎麼也找不到！」(〈成功路〉)等等，用語平易靈巧，哲理寄託的深入淺出，道出了人間極真極尋常之事理。尤其是〈命〉、〈沙漠化〉等一類以自然景物入手折射世態的詩作，「物象」、「景象」與「事象」在作品裡渾然一體，了無痕跡。這些詩雖然思辨色彩較濃，但側重點仍在對世態的影射，比那些單純的哲理詩更具激發讀者聯想與想像的誘惑力。

吉普賽人說：時間是用來流浪的，身軀是用來相愛的，生命是用來遺忘的，靈魂，是用來歌唱的！我以爲，《性情世界》就是詩人多情世界的靈魂歌吟，一組多聲部的合唱曲，能夠使人在「似曾相識但又陌生」的感覺下被吸引。但在詩的語言的藝術化方面似乎還存在一些缺憾，個別語言太白太平太露，既缺乏傳統的古典美也缺乏由「陌生化」

產生「間離效果」的新奇美，這應是詩人在今後創作中著重努力的一個重要方面。

二〇〇七年五月三十日於廣東清新

（本文同時收錄在馬忠著，文本與言說，大眾文藝出版社，北京，二〇〇八年九月。）

第七章　淺析《性情世界》中的二首作品

詹燕山

〈如來〉、〈爲我說法〉是陳福成先生《性情世界》詩集中的兩首詩；我閱讀後特別有感，因此特地從詩集中的一百餘首中挑選出來，略說明我個人的小小看法及感受。

詩題〈如來〉，彷彿我看到金剛經上佛陀的身影，著衣持鉢，入舍衛大城乞食，於其城中，次第乞已，還至本處；飯食訖，收衣鉢，洗足已，敷座而坐。……

「一切都只是假設／包括人生／無有亦無無／未來也未去／來去皆空／只是我們須要一個／求證的過程／我是如來」〈如來〉。這首詩由八行構成，都是抽象的語詞，只是音調自然流暢，我相信欣賞這樣的詩者不會很多。人生是假設嗎？不是，因爲他無常，他沒有固定，也不可能固定，所以可以說似假設，說假設已是多餘。「無有亦無無」，無有就是無，無無就是有。「未來也未去」，未來就是去，未去就是來；其實也就是有、無、來、去不斷地輪轉更替，不會稍有停留，所以才叫做「來去皆空」，而萬物萬事都必須經過觀察，由觀察中了解萬物萬事如時序的春夏秋冬運行更替不斷；由觀察中迴照自己，發覺自己在觀察中有一個不動（不受影響）的覺性，這是「求證的過程」，有人叫他佛性，有人叫他自性，一旦有了成果，有人叫它如來。所以說欣賞這首詩，多少要有一點佛學佛法的基礎，不然的話不容易欣賞。

「落葉悠然飄坐大地／回眸一笑，對我說／我回家了／／一個飆車族如瘋狗般撞上電線桿／躺在地上呻吟：／個人作「業」個人擔／／流浪漢沿路乞食／呆滯的眼神說／這一切都是命／／我聽聞許多世間法／都說／諸法皆空」〈爲我說法〉。這首詩，四段十二行。前三段有三個畫面，第一段落葉回歸自然；一切的萬物終歸原來。第二段以飆車族撞上電桿呻吟的畫面，表現出任誰也跑不了自己造業的範圍外；而所謂業，也就是行爲，擴而大之，即是思想、觀念、習慣……等。第三段以流浪漢乞食的畫面，表現出行爲即是命，怎樣的行爲，怎樣的命是跑不掉的真諦。第四段總結以上三段，這叫做諸法皆空；沒有一物一事是停滯不動的，若有一物一事停滯不動也就不叫作空。那我也就還留停在年少俊婷的年代裡囉。這首詩選擇三個物境來代表萬物萬事，代表世間法，只要隨處細心即可聞到萬事萬物如流水潺潺般地說法不停，我當在聞處中。

自古以來，哲理入詩，寫來特別困難，太顯示哲理有傷詩情；太顧及詩情，哲理不明，要寫到哲理詩情並出，得看大詩人的妙心神手了。再說以哲理寫詩最不容易寫得好，很難有詩味，宋代理學家們寫出來的詩，詩味多不足，所以後人學古詩者都不走宋理學家們的詩路。

陳福成這兩首寫佛法的詩，曉暢易懂，雖不能說很好，但也算不錯了！

第八章 吳開晉教授函評《性情世界》詩集

吳開晉

福成先生

你好！收到大作「性情世界」有半年了，因內人多病，住院幾次，孩子們不在身邊，只有我跑醫院，朋友的作品大都放在一邊，書信也回得不及時，近期抽空陸續讀了這部詩作，深受啓發，覺得先生有自己獨特藝術風格，真可謂自成一家，值得贊許。

總體風格看，有現代意識融入其中，但又不是現代派作品；有明快爽朗的風格，也有對人生的憂患，但也不是傳統味十足之作。而是在一種率真、豪爽又帶詼諧幽默的風格，有詩人對社會人生的生命體驗，確如綠蒂先生所言，是「城市遊俠」的詩性人生。從中可見先生的一顆「赤子之心」。清人袁枚說：「詩人者，不失其赤子之心者也。」此其謂也。

再說說對大作的具體感受。

第一輯「去大肚山看媽媽」，有不少動人的親情詩，如「思念」中的句子：「妳的手不斷左搓右揉孩子們的歲月／長繭、有斑／妳老邁的速度／和我增長智慧比快」，還有結尾處的「妳已再度年青，脫胎換骨成爲／一個我／妳雖遠去／也永遠是我心中那個青春不老的名字」是對母愛的藝術昇華，讓人讀後感慨萬端。

這一輯中的佳作還有「秋波」、「風鈴」、「五十偶感」（這一首是對人生的頓悟）。蔓藤和榕樹相戀的「命」，也頗有情趣。

第二輯「辦公室之花」，是作者對社會百態和自然的獨到觀察，也是對日常生活的詩化。「辦公室之花」寫得清新可喜；「黃昏彩虹」是對自然現象的投情于內，詩味兒盎然；「山河頌」則大氣恢宏，在時空交錯中叫人感受到宇宙的無限遼闊。「巧遇梅峰禪修者」則富有禪機，把古松寫成入定的老僧，是超技的奇想。「寒梅」又是一首獨特的，與他人絕不相同的詠物詩，把這株傲霜凌風的寒梅寫成我們古老的中國，令人心中升起豪氣。「我獨立了」又是巧妙的象徵，妙不可言。

第三輯「與情婦訣別書」，多是幽默詼諧，富有生活情趣的作品。「與情婦訣別書——送『載人舟』最後一段路」，把破鞋子比成情婦，叫人忍俊不禁，也有對艱辛生活的概括。類似的好作品還有。「曾經辜負過的」則更包含著深刻的人生哲理；「愛之水火」是對現代性解放的憂思，作者用了一種象徵藝術的手法；「人間煙火」是作者性體驗的率直坦露，「頓悟」是相同的姊妹品。也許道學家看了會不舒服，但都是詩人真摯的心聲。可惜這一輯的書眉上仍印成「第二輯」，再版時應改正才好。

第四輯「似曾相識，在樓蘭」，是作者專門的愛情詩，從詩中可看出作者是位浪漫才子，許多篇章充滿青春氣息，看不出是位年過半百的人所寫。「晨露」是對愛情生活的象徵性描寫；「天緣」可說是本輯中的上乘之作，雖然簡意深，韻味無窮，「乘筏／渡河／／乘妳／渡到不惑的彼岸／／若不乘妳／河寬無岸／江水惑惑」，可說是生死相許的情愛佳篇，但又寫得禪味十足，欲愛卻在禪中體現出來，頗有獨到性。「那一份情」也不錯，意象優美。「提燈使者」、「緣起緣滅」與「天緣」有異曲同工之妙，展現了作者的真性情，也是全書最精妙之作。

第五輯「想我未曾謀面的老娘」，更是情真意切的感人篇章，自然不做作，是詩人真情的流露。其他寫杭州西湖、黃山的篇章也是俊美的山水詩，從中看到了作者多方面的藝術才能。

由於時間匆匆，不能多做品評。先生詩作中的不足，我以爲有三：

其一、古文化的底蘊似還可加強。這樣會增加詩的深度，當然不是把文化、古董拿到詩中展覽，而是把它們詩化，使詩味更濃。

其二、藝術手法還可多樣。古典、外國詩中的多種手法可借用展現自我之情，詩體形式也可多加變換。

其三、語言上作者已有自己的風格，但相對有的篇章直白痕迹還較明顯。這方面古典詩詞、現代派詩、五四名篇，都有許多在語言上可借鑒的地方。先生不是專業詩人，但悟性甚高，如再上層樓，定會寫出更精美之作。這只是個人零碎的感受，供參考，也應共勉，請向台客先生問好。冬安　順祝

吳開晉（簽名）

二〇〇七年十一月十八日

刊載葡萄園詩刊一七九期，二〇〇八年秋季號

註：吳開晉，山東大學文學院教授。

第二篇 小說《迷情・奇謀・輪迴》評論專輯

2011.9.11

第九章　評介《迷情、奇謀、輪迴》歷史小說的成就

金劍

「迷情、奇謀、輪迴」是作者古晟先生的力作，全書約三十餘萬字。分（一）被詛咒的島嶼（二）進出三界大滅絕（三）我的中陰身經歷記等三部份敘述。明眼人一看便知其內容情節是宣揚佛教的歷史文學說部，當然其中人物也是典型的弘法傳道的居士或僧侶神祇。

一、本部作品的內容特色

（一）由人性面深入剖析，審視人類先天本性的特質，其中有著如同洪水猛獸的暴戾與貪婪愛恨氾濫的情節展現。

（二）畢竟人類經過長期的人文教化，以文化的涵養的培育，倫理道德禮義的規範，

應以尊重容忍同類，並兼顧理性與智識的謀求，以發揚人本和法天的精神。

（三）歷經長期的向佛與禪修，期能以慈悲爲懷，憐憫無知短視盲從的同類，使其規過向善，明辨黑白是非，共創有遠景有希望的前程。

（四）澈底的佛化，弘法宇宙。並列舉比較世界多種宗教的優異與其諦，使無數生活戰火苦難病痛的人類，使其能皈依在偉大永恒宗教的護佑光環。

（五）不斷列舉走入歷史，或仍生活在現世的出類拔萃的領導先知，以及暴戾貪婪詭從的歷史強人梟雄怪物，即將沉淪地獄（阿鼻地獄、無間地獄）審判受苦，使能改惡向善，歸他佛門再世潛修而成爲正果。

（六）以文學藝術創作的技巧表現，闡釋佛學的博大精深，拯救人類世界於沉淪的危境，再創各星球畛域嶄新世紀的安樂與光明。

二、古晟先生寫「迷情、奇謀、輪迴」小說的內容重量

（一）由於作者對人性的觀察入微，對男女在愛情、親情、友情著筆細膩而生動，使人有無限的嚮往和感慨。如李明輝與黃安安的熱戀，雖有違背其妻愛愛的正常倫理關係，以在宗法禮教的社會制度眼光觀之，似有出軌難以饒恕的罪孽，尤其說到性藝術生

活的盲動亂情，使人驚艷而又深感不安。在西方小說中屢見不鮮，雖然我國名著《紅樓夢》、《金瓶梅》、《西廂記》等亦有性生活的描述，惟祇是點到爲止。

（二）這部小說的結構與描述，是先由台灣歷史演進的過程落筆，是道道地地的台灣本土文學作品，以及台灣被外族侵凌統治的悲情飲恨懷思的奇情歷史說部。如「蔣介石百分之百不是元兇，真正元兇是日本。中央研究院院士黃彰健，研究員朱宏源，民間史學家武之璋、戚嘉林等，早在去年（民九十六年二月二十上日）已經聯合發表研究報告（詳見次日國內各報），發現日本人蓄意放棄對糧食配給管制，又從日本空運鈔票給在日本公務員，大肆搶購物資，使台灣物價飆漲十三倍，造成不可收拾的二二八大亂。而美國則是幫兇，老美鼓動台獨叛亂，美國好接管。」對此種合乎歷史事實，爲何要指蔣是元兇呢？因之，蔣是民族英雄，對台灣有大功，應是無疑的，若無他，台灣在一九四六年就被赤化了。

（三）自開羅會議決議，第二次世界大戰結束後，台灣應歸還中國。國民政府播遷來台，在極度艱困的環境下，披荆斬棘，克服萬難，勵精圖治，並經政府十項重大建設，改經濟起飛，政局安定，人民安居樂業。然自「阿扁政府」所發生的三一九竊國篡位小偷行爲，如不追查真相糾正，使台灣社會全面變質，人人以作幣獲利爲合法。燕京山（書中主要角色）對社會現象極度不滿，他談到美麗的寶島被稱爲『貪婪之島』。近年擄人勒索，毒品氾濫，到處是狼，強姦搶劫，司法破產，軍官盜賣軍火，黑道治國，台灣成了『恐怖島』、『惡魔島』、『東西里島』：德國媒體稱台灣是『豬舍』，不是適人住居的地方。因此，『迷』著這部小說便口誅筆伐，毫不留情予以批判，可謂字字銳利，驚心動魄，語句筆觸，如飛劍流矢，刺人膚骨，痛心疾首！

（四）在『迷』集第二個部份，便是所謂「進出三界大滅絕」進出三界大滅絕這個佛教的術語的由來，乃屬教義的「世界觀」。世界是眾生所居的世界，這是三個迷執的界域，眾生即在其中輪迴流轉，不能出離。也就是所謂的「欲界」、「色界」、「無色界」。作者通曉佛學原委，善於剖解。而以凡夫眾生能跨越「無色界」者，乃爲最上的精神領域，已經厭離物質而修四無色定的眾生所居地。書中蘇真長（男角）有云：「紅樓夢那段好了歌記得吧！世人都曉神仙好，只有嬌妻忘不了，君生日日說恩情，君死又隨人去了！世人都曉神仙好，只有兒孫忘不了，癡心父母古來多，孝順子孫誰見了？」蘇真長影射何人？讀者當可知悉。凡事能改邪歸正，終能修成真果。作者古晟先生識多見廣，爲了證實當今社會有適宜完美的男女婚配，有時稍有愈越「外遇」的行爲，祇要能及早悔悟改過，未嘗不是件好事。因此，蔡麗美（女角）便說：「蘇大哥說的好，一切都要放下，追求心中所要，才是自我實現。談到《紅樓夢》這本名著，筆者研究求證數十年，的確曹雪芹出手不凡，而『迷』著應再多揣摩其精華與寫作技巧，當更有優異的小說作品推出。

（五）『迷』著第三部份：「我的中陰身經歷記」，寫得最爲精采充實，所遭遇各種情況，是歷史與現代馳名要角（政法家與政客等）的本事重演，尤其值得介紹的是其有觀察證實的太空星球存在演化的常識，並藉博大浩瀚的佛理佛光透射，在時間和空間上的轉換移位，甚至各種不同歷史角色的漸漸浮現，情節變化而合理。作者雖以「中陰身」觀察感受，俱能順理成章，給讀者以奇幻而又踏實的清楚交待。筆者也曾讀過倪匡先生的科幻小說，固有其獨到的創見，然古晟先生所寫的『迷』中陰身經歷記，較倪氏的作品並不遜色。

何謂「中陰身」?據美國著名禪學導師菲利普・開普魯其名著《禪悟》（**Awakening to zen**）與《生命的智慧》（The zen of Living and Dying）兩部著作中，均提示「中陰身」的釋義和談到「中陰境」的形成因素。佛家和其他文化中的聖賢早有垂示，人一死就變成「中陰身」，亦即處在介於生與死之間的境界。「中陰境」雖與物質界大不相同，但有一點是一樣的。正如以我執爲本的知見，影響你我與世間情境，事相的關係和互動方式，前生和無始劫以來的宿業，也影響到我們經歷中陰境的方式。

菲氏又云：「當代一些知名人物，如容格、愛默生、史懷哲、梭羅和甘地等，都相信轉世，轉生或再生。其實，當代基督教和猶太教對輪迴說並不完全反對。擔任倫敦市聖堂牧師近三十年的李斯利‧魏海德（Leslie weatherhead）博士就認爲，轉世說是讓基督徒解開許多難題的鑰匙。他指出，轉世之說在耶穌時代風行一時，耶穌自己也不否定，而這也正是「靈的存在」教義的精髓。

在39章有一段佛陀告誡弟子們的「十恩」詩句：「懷胎守護恩、臨產受苦恩、生子忘憂恩、咽苦吐甘恩、迴乾就濕恩、哺乳養育恩，洗濯不淨恩、遠行憶念恩、深加體恤恩、究竟憐愍恩。」世界母親之所以受人敬愛與其偉大的恩德，故中外敬母養育之恩者皆需回報。因之，佛陀揭示：「若要報恩，就要書寫此經。爲父母懺悔罪愆，爲父母供養三寶，爲父母受持齋戒，爲父母佈施修福，如能如此，就是孝順之子；不做此行，便是地獄人。」中國有部《孝經》，多少人視爲孝行文化的經典，佛陀所示之「十恩」，曾告訴阿難說：「此經名爲『父母恩重難報經。』」

（六）作者古晟先生飽讀佛教經典，能深入經典精義內涵，分別納入全書篇章與人物思維中，藉以感化頑冥，教化各種爲非作歹的不良份子，上自治國君臣。下至庶民走卒，無不經其感召而向善革心，或放下屠刀，立地成佛。如歷史上知名大奸大惡，統統編在「無間地獄」的「慈悲」班；有陷害忠良的郭開、賣國受戮的伯嚭、篡位者王莽、弒帝聚斂之梁冀、謀篡者王敦、毒害忠良斂財的盧杞、一代巨奸秦檜、植黨營私嚴嵩。賣國求榮漢奸汪精衛，另外如美國總統布希、錢尼、倫斯斐、英國首布萊爾、發動世界大戰的日本天皇和多位重臣，更早的豐臣秀吉、田中、齊藤正樹、石原……還有慈禧太后等等，道來真是動人耳目，驚人心腑，古晟先生熟諳中外歷史，文筆流暢，幽然詼諧，語句擊中讀者積恨難消的心懷，不禁拍案叫絕！因地獄受刑懺悔的惡徒囚犯，在佛光照射下，不分國際男女，均受地藏王菩薩的慈悲引渡，能以「大願」志業提前完成。

三、結　語

古晟先生寫『迷情、奇謀、輪迴』這部歷史小說，內容豐實淹博精緻，對佛學鑽研有相當的成就和見地。然以佛學思想透過文學藝術技巧表現，寫出的典型人物，當然更不容易。在我國古典文學中，祇有《封神演義》、《西遊記》等幾部作品，是純粹的佛道文學作品。像《迷》著中的各章取材，包括了東西方的重大事蹟的優劣典型人物，並以純客觀的態度，處理這些驚天動地的體材和人物，使其來龍去脈，有條不紊，各有應得的評價和結果。另外對天文學、地理學、科學、哲學、心理學等，古晟先生亦有涉獵和運用，使得《迷》著內容堅實而輝煌。縱觀《迷》著在50章作品的取材與處理手法，有的過於堆砌雕琢，不夠簡要。有的對性生活藝術的描述，似嫌重複而使人厭惡。誠然，也正爲此，可能有吸引讀者產生極多的興味和快感！但佛學畢竟是佛學，文學畢竟是文學，而値得稱讚美的文學藝術作品，乃爲在『美學』的架構內涵審美的思想中完成。《迷》著的主要宗旨在弘揚佛法，與眾生結成佛緣。《迷》最終追求的是公義、真理、和平、和諧、康泰、永恒不朽崇高的人生價值，以及一個如孔子和釋迦牟尼所揭示的邁向大同極樂的世界。最後建議古晟先生，能否在再版時將《迷》著三部份點訂爲一本專書！取名爲《涅槃》，並擴大數位網路成爲電子書，發行個整個世界，以清滌人類心靈蒙受的污塵。

二〇一〇年一月十四日台北脫稿

第十章　超後現代主義小說

——讀《迷情．奇謀．輪迴》有感

雪飛

讀古晟兄所著：《迷情・奇謀・輪迴》大作，首先使我想到的，是「後現代主義」。據我的看法，後現代主義之所以出現，主要在擺脫傳統壓抑的文明，走出威權陰影，打開 eros 的枷鎖，讓人類的本性都能開出美麗花朵，一起來把生命光輝釋放。

根據現代科學研究發現：人類大腦的神經網路結構，可自由無限的變化發展，因此科學家不斷有新的發明。小說家、詩人，在聯想和想像方面，更是海闊天空，不受任何限制。正因如此，在創作上才有傑出表現。這部《迷情・奇謀・輪迴》的小說，作者將其故事情節，除了與佛教「輪迴」融合一起來勉人爲善外，更對現實有所批判，同時對人的前世、今生、來世、地獄、天堂，以及未來對地球、太空、人類之預言，都有描寫。因此我認爲這部小說，已超出了所謂一般的後現代主義，故稱其爲《超後現代主義小說》。

這部小說書名《迷情・奇謀・輪迴》，內容分：被詛咒的島嶼、進出三界大滅絕、我的中陰身經歷記。

一，「被詛咒的島嶼」，重點有兩件事：第一是談男女的婚姻問題。書中男女主角：李明輝與黃安安，他們都是已婚，而且都各有孩子了。但故事的開始，是他們一起「到宜蘭參加一個鄉土性的藝文活動」。頭一天晚上他們就發生了婚外情，而且雙方面「百分之百滿意」。他們都認爲這是來自充滿了生命力（Libido）的性慾衝動。而且這種「性愛要得到圓滿的舒展，人生與事業才能得到圓滿。作者也認爲：這種外遇，「若不導致家庭傷害或解體，正面的社會功能應受肯定」。故美其名曰：「後現代主義新婚姻關係」。

從這以後，作者對男女主角的「性愛」活動，描寫得特別詳細、深入。尤其在「香港之愛」裡，將「小妹妹」、「小弟弟」寫得更加傳神。

第二，是談台灣的統獨問題。在「世紀競爭大奇謀・綠營泛紅」一章，作者借書中人物阿義之口說：「我簡化任務成兩個要綱：二〇〇七年要策劃李登輝以大頭目特使身份訪問大陸，談統一。二〇〇八年要透過抹黑和嫁禍，讓泛藍徹底崩解，大位拿到後，也是和中國談統一」。因爲談台獨是「玩假的」……這叫市場法則。

當然，對這兩大「奇謀」的發展，小說中有精采的描寫。其中充滿了詭詐，我想作者將第一冊稱之爲「被詛咒的島嶼」，是有原因的。

二，「進出三界大滅絕」，這一冊除了描寫男女主角的性愛活動外，就是談「族群對峙、南北對決、統獨對立」，造成台灣大動亂。還談到「台灣二〇〇四年爆發的三一九槍擊案」、陳水扁的貪污案等。故事中的男女主角，還要普陀山去拜觀音、學佛，聽菩薩講道，專心念佛，且「到無色界面見蔣公與夫人」，又似在夢中，隨黑、白無常去參訪十八重地獄，「貪腐搞獨者」都在其中受罪。

另外也指出，二十二世紀地球發瘋，第六次大滅絕加速！這是由於兩百年來，「生產、生產，無限制生產，創造利潤。消費，消費，鼓勵消費，刺激生產。分配、行銷，用政治力、武力進行分配，行銷全球」。因此，「資本主義式民主政治」，已成爲「吃垮」地球的禍首，迫使人類不能不有星際旅行，移民月球或火星等之構想。預測二〇八〇年代，就會有先進的電腦人、基因人、生化人、複製人等出現。

末了，兩位男女主角，在幾尺高的上面，看到躺在下面自己的身體，有醫生和護士在急救。但終於急救無效，醫生宣佈死亡。這是他們的生命輪迴暫告一段落，他們的「中陰身」隨使者張美麗，前往「無間地獄」，擔任「重刑犯的啓蒙師兼教授」。

三，「我的中陰身經歷記」，一冊經歷記。完全來自佛教經典的教化。首先指出：

「死亡並不是生命的結束」，是一個新的開始：「往生另一個新世界」。不過像李○輝，在陽世所造罪業爲「你把自己玩完了，看你聰明卻很扯；分裂族群不能搞，王牌成歷史垃圾」。陳○扁，在陽世所造罪業爲「瞞天過海不是罪，作弊造假還不悔；全家吃錢國庫空，看來只有業相隨」。這一夥人死後都是「重刑犯」，更應接受地獄改造教育。所以故事的男女主角，都被聘爲「啓蒙師兼教授」，加上名人如蔣公等的演講，來教育他們。當然重刑犯在地獄裡，還要接受下油鍋等懲處。

最有趣的，是閻羅王城辦詩歌研討與朗誦會，參加的古今詩人都有，如李白、杜甫、胡適、余光中、台客、鄭雅文……及台灣各詩社、三月詩會的全體朋友都包括在。這種安排，真有資格稱爲「超後現代主義」。

其他對各宗教的發展檢討、極樂世界與金星月亮的參訪、地球佛法迴光返照、讓外星世界都能普照佛光、與外星人的聯絡交往等等，都以佛學的精神來宣揚、倡導。

二○一○年一月十九日

第十一章 預言?寓言?愚言?

——我讀古晟著「迷情・奇謀・輪迴」

許其正

古晟著《迷情・奇謀・輪迴》這部章回小說是一部奇書。它是預言?寓言?還是愚言?

它分成三大冊。大略說，它的內容正如其書名：迷情、奇謀和輪迴。當然，小說是貫串連結的，不能截然畫分開來。它俱依小說的情節演繹而前，隨小說的情節以俱進。

本書以「迷情」開始，極寫汪仁豪和蔡麗美、燕京山和尹月芬、蘇真長和吳淑臻及黃安安和作者李明輝四對「狗男女」的迷情。他（她）們是男有妻女有夫的已婚高級知識份子，卻搞著自稱非外遇的外遇。對於做愛的描寫，露骨深入，精彩之至，初讀之下，讓人覺得與中國古典小說「西廂記」及西洋古典小說勞倫斯的「查泰萊夫人的情人」相比，有過之而無不及，尤以作者和他的情人黃安安的情形爲然，極想廢而不讀。其實這只是爲「輪迴」臻於極樂世界而作的安排——或稱伏筆。他們從沉淪幾經朝佛、修煉、皈依最後成爲地獄犯人的教席，不僅不是墮落，反而是救人於罪惡的深淵。

其次，關於「奇謀」的部分，其描寫的大膽露骨，更叫人讀來驚心。寫的內容讓人不禁聯想到台灣現在存在的藍綠對立情況。說的是綠營以有計畫的「抹黑、嫁禍」手法贏得選舉，由「大頭目」親自指揮，並自我犧牲，在肚皮上畫傷痕，也進奇美醫院，成爲319懸案。這些情節，讓人讀來自然聯想到二○○四年選舉總統的狀況，爲作者擔心是否會踏入「犯罪」的境地；然而作者極端聰明，他把年代和當選人置換了，以便逃過法律的制裁。那段文字是這樣寫的：

> 二○○八年三月台灣的大選，綠營啟動「抹黑、嫁禍」奇謀，果然有效，綠營再度以百分之五十五選票拿下大位。

這麼一寫，就把法律的追訴擋住了。其實這種手法，在歷史上早有人用過。白居易的「長恨歌」，明明寫的是唐明皇的荒淫無道；但他用第一句詩給擋開，唐明皇明知寫的是他，所有天下人也這麼認爲，卻沒能耐他何。具有千斤之力的那一句是這樣寫的：

> 漢皇重色思傾國

啊哈！白居易已逃過一劫了。除非當事者不怕在歷史上留下「文字獄」的罵名，本書的作者自然也逃過一劫了。

至於那些綠營人士的姓名，作者也很有技巧地避開：凡是會與時間、地點、事實相符或接近相符的，他都將提到的人名，空去一字，以避開法律的追訴。其實也不止於此，他還舉出世界各國重大罪犯，以正視聽，尤其在輪迴部分，讓人一廂情願地認爲，那是全世界普遍性的論述，不是專指台灣的情況。

「輪迴」的部分應該是作者最用力的地方，也是整本小說的重點，最具有規過遷善的作用。作用是到處去旅遊，因緣際會，遠到去普陀山，參禪、讀經、修煉、皈依，以致疲倦，與黃安安在杭州西湖邊椅子上睡著了，肉身死亡而靈魂雙雙出竅，最後到地獄當教授，講經說法。在那裡，他看到他的班上許多學生原來都是在世時的惡煞巨擘，例如歐巴馬、老布希、小布希、萊斯、史瓦滋科夫、凱利、皮紮諾、麥克阿瑟、万俟卨、袁世凱、魏忠賢、麥納瑪拉、趙高、劉國軒、馮錫范、慈禧、維多利亞、伊莉沙白、町村信孝、石敬塘、趙構、劉豫、汪精衛、夏桀、商紂、李 輝等。他們在世時，或擁權自重,或掠人財物,或欺壓百姓,或冤屈他人,或分裂族群,或發動戰爭,或屠殺善良……；現在則在地獄百般受苦，有的下油鍋，全身焦熟，像烤熟的地瓜，有的上刀山，遍體鱗傷，慘不忍睹，有的開腸剖肚，器官外流，用手捧著，慘叫著，有的斷手斷腳，或被割到下垂著，血沿路流著……，整隊過來，獄卒還揚鞭猛抽……。面對著這些惡煞巨擘，他得引經據典，苦口婆心，努力教育，期能讓他們改過自新，回歸本善。

相反地，極樂世界，依他的理想，他是這樣寫的：

初到極樂世界，碰到的不是詩人便是神仙。我們一行人，隨「意」而飄，隨「識」而行，意到行到識也到，一切的一切，似乎都能「從心所欲不愈矩」。真的，這裡沒有法律、禁令、規定，沒有報到手續，一切食衣住行和生活設施，都隨意而示現，我們像一群小鳥，在自然花林中，飛來飛去，凡所見所觸，不論有情無情，自然皆生念佛、念法、念僧之心。

林邊的蟠桃園中，香甜的蟠桃任你採食。……

不遠處的行樹中，有奇妙之鳥，白鶴、孔雀、鸚鵡、舍利，是諸眾鳥，出合雅音。其音演暢五根、五刀、七菩提分、八聖道分，聞是音已，皆悉念佛、念法、念僧……

這一境界，作者認為必須由佛教來促成。佛教乃最平和最不發動戰爭的，其他宗教有的早已無疾而終，有的已成為影響力不大的小宗教，主要的原因是它們常發動戰爭。

這部章回小說所寫的時間點設在二〇〇四年到二七八〇年。現在是二〇一〇年，很長一段將來的時間不是真正作者和我們親眼看見的，作者卻能「掰」得出來，顯然是猜測想像的。譬如，那時人類已移民到月球、火星、金星、張衡星，而地球上也已經過了巨大的變化，譬如世界人口已所剩不多。

> 沿赤道兩側數公里因高溫和缺水，從一百多年前人口開始向南移動，形成現在的南極三強（美洲國、非洲國、歐洲國），而北極附近由中國和俄國瓜分，約為中七俄三局面，其他有小國數十。
>
> 原來的北美洲、南美洲、非洲、歐洲、亞洲這些大塊陸地，雖大多數地區不能住人，卻總數仍分佈著一億多人口。他們白天住地底深處的「地下城」，晚上則在地面上活動。
>
> 還有很多大島都不見，中美洲和南洋各島國、紐西蘭、馬達加斯加……早已不見了。……中國最適宜人住的地區已非廿一世紀時的「秋海棠」，而是廿四世紀的東北到北極圈。

這是作者的瞎掰，也是一種理想。它們是否會「夢想成真」？或是一種預言？一種寓言？一種愚言？將來的事誰也沒能說得準；但是至少作者給了我們一個警訊。這種結果並非不可能。野心家爲爭城而戰殺人盈城，爲爭地而戰殺人盈野，乃自有人類以來大家眼見目睹的事實，也是人類自古以來的最大浩劫，加上人類自認聰明，極力征服大自然，利用大自然，榨取自然資源，釋出大量二氧化碳，地球已走到「窮途末路」，開始「狗急跳牆」，進行反撲，並慢慢暖化，北極冰山融化，以致已有有識之士倡導節能減碳，替代能源的產業有雨後春筍紛紛破土而出之勢，人類不能說不會自掘墳墓，埋葬自己。曾經有一個與愛因斯坦有關的逸事這麼說：有人問愛因斯坦第三次世界大戰何時發生及打起來的情形如何。他回說，第三次世界大戰的情況他不知道，但是第四次世界大戰的情況他很清楚。問者追問情況會是如何？他說是用石頭和刀槍棍棒來打。顯然他是知道的，卻不願說得很清楚明白：第三次世界大戰必定是運用核子武器來打的。到時人類全都滅亡。要有第四次世界大戰，必須等造物者重新「你儂我儂」，才有可能。相信凡我人類都不希望看到這樣的結果。且讓我們努力掙脫下地獄的浩劫，齊向極樂世界進發吧！

第十二章　眞實與虛幻

——「迷情・奇謀・輪迴」之淺見

狼跋

許久沒有看現代小說，在本社林理事長的推荐下，才翻閱古晟先生的套書「迷情・奇謀・輪迴」。古晟是位軍人退役的現代散文、小說家，其實他擅長的是軍事方面，但又有點政治熱，可說在一般小說家中，又有點獨特。

一、「迷情」之巧辨

古晟先生對時事的批判，在他之前的著作「春秋紀實：台灣地區獨派執政的觀察與批判」，就已表露無遺；而這套「迷情・奇謀・輪迴」則是以小說角度呈現，在批判手法上，比較不會顯得那麼尖銳、刻薄。在第一部「被詛咒的島嶼」，古晟著重在感情上的描述，他讓外遇合理化，還給外遇冠冕堂皇的理由：「一般我們談外遇，總把重點放在生意人、演藝圈，有錢的大少爺、小開等。其實文教、公務員、軍人這些形象看似清新者，在『後現代主義』衝擊下，也是不甘寂寞的……也許明的幹，也許暗的搞。……這顯示傳統婚姻正在瓦解，一種新的兩性價值觀正在形成……再普遍下去，是不是危及現在的婚姻制度，甚至整個婚姻體系的瓦解，最後絕大多數婚姻關係都是名存實亡，大家就把責任推給『現代化』，說是推行現代化的結果……外遇還是有另一面的意義與功能……我們可以說有的外遇造成家庭重新解組，有的是維護家庭免於解體。從目前氾濫的態勢看，後者多於前者，故外遇若不導致家庭傷害或解體，正面的社會功能應受肯定。」作者美其名曰：「後現代主義新婚姻關係。」由此長編大論爲書中主角及他的朋友們「迷情——外遇」重新做一註解，讓主角們在往後的行爲得以合理化，這也是第一部的主題。

二、似預言之大滅絕

至於第二部似主要談預言似的，主角李明輝和他的情婦安安似進入時光機器，不，也不用進入時光機，反正睡夢中，恍若到前世；而一覺醒來，已是公元二〇一一年，電視新視播報：「台灣地區爆發恐怖攻擊，一列高速行駛中的高鐵列車……突然爆炸……」「大約台灣高鐵爆炸後十五分鐘，另一件恐怖政治毒殺發生，陳水扁被毒死在監獄中，獨派指向統派謀殺，統派指是獨派嫁禍……台灣陷入內亂……」之後，男女主角似進入時空機器，往常飛，兩人永遠在一起，過著夫妻神仙般的生活。

這部書從一〇五頁開始，就好像預言書似的寫著地球未來的變化，如：「二〇七九年……全球政治結構，美國已裂解成立三十多個獨立國家，以色列早已亡國，歐洲共和國也早已成立，日本成爲「中國扶桑州」，中國成爲世界盟主……」這寫法是預言（或瞎扯）嗎？書中最後寫的都快可跟電影「阿凡達」電影的故事相近，就是地球快成爲人類無法生存的星球。

不只如此，書裏還扯到核戰，其實這也不無可能，畢竟現在科技太發達，大部分國家都用核子發電，要製造核子武器，不是不可能的事。人類好戰，看來不是只有「阿凡達」導演有此想法，台灣的古晟也如此認定，而在書中，不管世界怎麼變，書中的男主角和他的情婦安安永遠都沒事，還可一而再、再而三的享受魚水之歡，實在也令人佩服。

古晟非但談論政治，還提到資本主義，說「地球第六大滅絕提前加速進行，禍首竟然是資本主義和民主政治……資本主義和民主政治本是一體兩面東西……這本是好東西，關鍵在自由成了失控而不能管制……使資本主義式民主政治成爲『吃垮』地球的禍首——」作者非但除了文字敘述，還有圖畫，告訴讀者未來的台灣和地球變成什麼德性。

預言這東西，最近電影「2012」掀起馬雅文明的預言——二〇一二年世界毀滅。可是在書中未見作者提及他的預言源自何處？在中國也有好種預言，如之前的電視劇「神機妙算劉伯溫」的「燒餅歌」，「燒餅歌」在明史中確有記載，明太祖朱元璋稱許劉伯溫「上知五百年、下知五百年」，明、清、民國至現在，也差不多是五百年，「燒餅歌」是不是預言在此？吾不知也。因爲我也研究過唐太宗時的二位監天欽以八卦推演出的預言「推背圖」，研究老半天，也沒看懂；只是從推背圖中，我約略可知：日後世界必有第三次世界大戰，中國必有參與；以「推背圖」出現到現在，至推背圖的最後一圖，中國必還存在一千年左右。馬雅文化說二〇一二年世界毀滅，若真成真，必指西方世界，而非東方；「推背圖」是中國的，預言的是中國的未來，諸位有興趣，也可以上網搜尋，研究研究。

回歸古晟先生這套書中第二部的後面，寫地球不能住，人類（此時已不是純人類了）在太空成了「天」「地」……等八個大型太空研究站，住在外星上的人也區分爲機器人、電腦人和生化人等，而佛教爲一切之主導、生活重心（我想，基督教徒和回教徒一定無法接受）；男主角在星際遊歷、任務完成後，還要諷刺一下：「台灣全島沈入海底後，南島尙有三戶人家堅持留下……據說，他們有的自稱是偉大台灣國領導人李登輝的後裔，有的說是頭目陳水扁的後人……他們共同的理想是台獨，就算只剩一粒礁石也要獨立，要出頭天啦！」這段話真可說對李、陳等人諷刺到極點。

二、從中陰身到修成正果

「……中陰，是靈魂轉世投胎之前所寄居的地方……當死後處於中陰，而在宇宙間浮浮沈沈時，陽世親友爲他做的誦經、超渡等佛事……也是一種中陰身教育。」

在第三部，男女主角和他的朋友們都以中陰身到地獄去教書，陳水扁啦！趙健銘啦！都變成他的學生，而這些人雖在地獄都受極大苦，卻還能策畫叛變，真是所謂死性不改。還有作者也利用包青天在地獄進行大審判，把在廿世紀末的國內外許多大人物如伊莉莎白二世、歐巴馬等人物也都被包公審問，自然台灣的「319 槍擊案」作者是絕不會讓它缺席的。

不可否認，作者想像力極爲豐富，他想大肆批評現今時事，又怕得罪人，就以此部瘋狂、滿書佛經的方式呈現。不過，我還是要說句公道話，這套書結構並十分鬆散，人名一點也沒有創意。作者的寫法不知有沒有要仿西方的奇幻小說？但性愛場景又佔了許多篇幅，又有點像言情小說；也許作者想以性愛來舒解對某些政治人物的憤怒，可是政治的關心還是無法忘懷，並以此方式呈現。

全書中，佛經佔了大約 1/4 的篇幅，但最基本的教義——婚姻觀，又寫得以是而非，我不知道這能說服誰？書中男女主角及他的朋友們又憑藉什麼，可以修成正果？

不過小說歸小說，世間是否有中陰身，未來是否如作者寫的那樣世界大亂？台灣是否變成南島？這一切就像電影「2012」一樣，都只是作者、編劇自己的想像罷了。

第十三章 一對野鴛鴦的宇宙紀聞

——古晟《迷情‧奇謀‧輪迴》讀後

謝輝煌

這是一部才子型的人寫的小說，像《金瓶梅》，又像《西遊記》；像《紅樓夢》，又像《三國演義》；像《鏡花緣》，又像《五燈會元》；像《高僧傳》，又像《包公案》，乃至《地獄春秋》（虛擬）……。但又都不是，但又都讓人讀來有點愛恨情仇，喜怒哀樂的情緒激動。因爲，書中所寫的都是我們常關切的一些大至可毀滅地球，小至可動搖國本，或更小至可折散一個家庭的身邊大事。

整部小說，以「獎善懲惡」爲中心思想，而以「因果輪迴」來體現那個中心思想，並凸顯「善有善報，惡有惡報」的公平正義，作者爲了要給「因果輪迴」樹立理論基礎，特別以有婦之夫的李明輝，和有夫之婦的黃安安，這兩個自詡爲「高級知識份子」的大學教授的相互外遇爲材料，展開了論證的工作，透過第六章中的「催眠術前世療法」，讓黃安安看到前世的自己是一個部落的「女霸主」，有一個「法定」的男人，還有很多男女供差遣，但她還覺得不夠，又買了一對男女青年來做她的奴婢。突然，有兩隻老虎向她奔來，千鈞一髮之際，有個其他部落的頭目把老虎射死，救了她一命，這個頭目，就是她今生的情夫，而那對男女奴婢，分別是她今生的丈夫和妹妹。當她跟情夫在外面「外樂得不得了」時，她的丈夫和妹妹也在家裡「快樂得不得了」。這兩個「快樂得不得了」，前一個是報了救命之恩的一部分，另一部分要等到二〇七九年（應該是來生啦），以正式成爲夫婦來報答，而後一個是報了她奴役他人之恨，整個來說，就是驗證了「因果輪迴」及「善有善報，惡有惡報」之不爽。

以後的劇情，就以「因果報應」爲依歸，並透過李明輝和黃安安這一對野鴛鴦的環遊宇宙（這個宇宙包含天堂和地獄），展開了一幕幕的「現世報」或「來世報」。如發動侵略戰爭的、欺侮弱小民族的、顛覆國家的、撕裂族群的、破壞統一的、竊國的、賣國的、殘害忠良的、貪污的、腐敗的、助紂爲虐的、爲虎作倀的、抹黑的、嫁禍的、作假的……。都分別打入阿鼻獄，十八重地獄和無間獄。有的永世不得超生，有的上刀山下油鍋，有的破肚開腸割舌頭挖眼睛，有的罰勞改。那些囚犯的名單，部分別詳載於第廿二（七七頁）、廿五（卅四頁）、及卅九章（九九頁）等各章裡，在此不贅。而在第四十五章（一九一頁）裡，地藏菩薩還開了好多個感化訓練班，受訓學生，有古今的中國人、日本人、英國人、美國人……。作者說：

「受神道教影響甚鉅之倭奴國罪犯，不論新舊，統一集中到阿鼻地獄。知名者如豐臣秀吉、田中、東條英幾……含兵卒，為數達數百萬之眾。」

「無間地獄另成立了『明德教育特別啓蒙班』。於是，陳□扁、游□堃、陳掬、莊□榮……乃至史明、張□鍙……以及外圍份子如吳□真、路□袖……都進了這班。」

「我自己的班有那些成員呢？歐巴馬、老布希、萊斯、麥克阿帥、魏忠賢、趙高、慈禧、維多利亞、町村信孝、汪精衛、李□輝等廿五位同學。」（按，因族繁不及備載，實數廿六位）

「說到安安、汪仁豪等，他們的班，就更多各國、各族的貪婪腐敗者、洗錢者、奸商、貪官、暴君、政客、殺人魔、黑幫、販毒、走私、地方惡霸、毀滅或不敬三寶……等無惡不做者。」但蔣介石、毛澤東等人，就在極樂世界。（見四十八章，二三七頁）

由以上的「學員花名冊」，也就不難看出作者寫這部小說的一半目的了。

另一個「因果報應」，是因人類的貪婪而破壞了自然，致使「地球環境已陷入『不可逆的惡性循環』，將得到「地球第六次大滅絕」的「報應」（見第廿七、廿八章），作者預言式地寫著：

「中歐一帶的森林失控的燒著世紀大火，幾個月無法熄滅。據新聞報導，更具毀滅性的大火也在美洲東岸、南美亞瑪遜森林、非洲、中國大西北等地燃燒，送出更多二氧化碳。」

「有些地方大乾旱大火，有些地方卻反常出現大洪水……被迫遷移的『氣象難民』不知幾千萬？」

「大約二〇一〇年存在的生物，到現在不過九〇年，已有百分之七十的物種消失。」台灣現在（二一〇三年）如何？從二〇八〇年開始地層加速下沉，至今才二十多年下沉三十公尺……現在台灣總面積約一萬平方公里，人口約百萬。」

「貪污腐敗和分裂族群者逃不過輪迴的制裁，島嶼逃不過輪迴，地球逃不過輪迴……輪迴逃不過輪迴……。」

以上所剪貼的幾個，「因果報應」，事實上現在已發生了，只是還未嚴重到那個程度罷了。

然則，人類何以會淪落到當「地球難民」呢？作者進一步指出，那個「吃垮」地球的罪魁禍首，是「資本主義自由市場信念」。他說：「無限制生產，無限制消費，不擇手段分配，加上政治鼓吹自由，於是資本主義式民主政治在地球上推行了兩百年，加上十九、廿世紀英美強權貪婪掠奪，使資本主義式民主政治成了『吃垮』地球的禍首……。」

不管是作者的「預言」也好，或是他在推論「吃垮」地球的禍首也好，吃掉地球的終究是人類。因爲，人類有數不清的慾望，而且每個慾望都比宇宙還大。有人生產慾望，便有人生產滿足慾望的產品。這就是「有求必應」，亦即是「需要」與「供應」的現象。這種現象是由精神層次轉化爲物質層次的，可惜的是，精神上慾望無窮，而物質上的供應有限。譬如：一公斤白菜，在台灣也要十天或半個月才能長成，而要消耗它，卻只要幾分鐘，不過，在地廣人稀的情況下，至少是可以保持供需平衡的。但人口一增多，或土地面積減少時，人類就出現「不夠」的恐慌了。於是，就有人把其他植物都砍掉，擴大生產面積來栽種白菜，如此一來，自然環境就被破壞了。台灣的土石流、淹水、地層下陷，不就是經由類似的「有求必應」供需過程所形成的嗎？當大自然被壓得喘不過氣來時，就不得不做毀滅性的反撲了。氣溫上升，冰山冰川融化，海水面上升，大地陸沉，精食生產面積減少，人類爲生存而戰的戰爭必不可免。人類因大自然的反撲及自發的戰爭，消滅了十分之九的人口後，地球才有休養生息的機會，這不就是一種天道好還的天輪迴嗎？

總之，種了什麼因，必結什麼果；結了什麼果，又必種下什麼因。這也就是這個小說裡所強調的「因果輪迴」的主旨了。至於小說裡所提到的那些「無惡不作」的壞蛋，自然是作者所要抨擊與警告的對象了。

任何小說，都是由一連串的大小故事串綴而成。那些大小故事，有它們的熱鬧在，也有它們的門道在。有的是直接指向主題，有的是在替主題暖身，或如丑角般的映襯主題，各有大小、高低、深淺、明暗不同的任務。整體的說，都是作者手下的棋子，作者的巧手，才是真正的指導者或指揮者，讀者究竟是要看「熱鬧」還是要看「門道」，那就看讀者的喜愛了。

我很佩服作者旺盛的創作活力和火力。在這個小說裡所出現的情節或場域（虛構的天曹地府當然例外），幾無一不是他多年或近年來所接觸與經過的事物。例如：他參過禪、參加了詩社和詩會、參與過多次的兩岸詩學或文化交流（順便去過好多地方觀光賞景）、他當過大學教官、軍中小指揮官、他中過幾次「金馬獎」（戍守外島）、他對中外史地（含宗教的）、以及佛教經典、儀軌、地球環境變化、各種預言、國內外政經新聞、科技新知、乃至天文……等，均有深淺不同程度的涉獵。以上的見聞，都或多或少的反映到小說裡來了。例如：書中有個「金門馬山老人家」（第三冊一六〇頁），和一個「明德教育特別啓蒙班」（第三冊一九一頁），典故都來自金門。真可說是聯想得妙到毫巔。這也印證了「作家常寫身邊所熟悉的人、事、物」的正確性。

總的來說，小說是以故事情節爲主，大艱深的知識，如書中對佛教經典的介紹和釋義，以及所附伊斯蘭教的經文圖片，有值得斟酌的必要。小說中的論述，有時必須從全方位觀照，如第四十四節一七六頁的三段式論述：「世界問題重心在亞洲，亞洲問題重心在中國，中國不能和平、統一、繁榮，世界即無安定太平日子。」即使放在當下的兩岸現實下，也恐怕還有討論的空間。其次，這部小說的「政治性」太強烈，且是真姓真名上場，難保沒有「順得事情失妹意」的市場效果出現。《紅樓夢》是當代人寫當代事，採取了「甄士隱」（真事隱）的寫法。吳承恩的《西遊記》，也是寫當代事，然都是以妖魔鬼怪來取代，而以孫悟空來替代「公平正義」的一方，故藝術性高，值得參考。最後有兩個建議：一是整部小說各章的標題宜統一，或現代或古典就可。二是第四十四章一八〇章，所引用《論論・顏淵》中的「非禮勿視……」，少了一句「非禮勿聽」，而最後一句是「非禮勿動」，宜更正。

二〇一〇年一月廿七日

第十四章　古晟的《迷情》與但丁的《神曲》

胡其德

集軍官、民歌手、詩人、小說家與居士於一身的古晟先生在完成了《中國學》四部曲之後，又以如椽之筆，兩年之內（二〇〇七—二〇〇九）寫下了《迷情、奇謀、輪迴》三部曲（以下簡稱《迷情》三部曲），豪情壯志，踵事增華，真是漪歟盛哉！讀《迷情》三部曲，我們一方面看到顛鸞倒鳳、活色生香（其性愛描繪之露骨，直追《金瓶梅》！）；另一方面也看到了刀山油鍋、血肉模糊。這種奇異的組合，直教人驚心動魄。

《迷情》三部曲（尤其是第三部）是以「業報」和「輪迴」爲主軸而展開的，第一部先談今世之種種，以男主角李明輝和女主角安安的情慾爲經，台灣政治人物的行事爲緯，迷情與政治鬥爭所種下之「業」，給第三部諸「人」的地獄受苦，埋下了伏筆。第二部也以情色和政治爲主軸，但場景搬到了中國，兼及外太空、無色界和地獄之幻遊，後者也給第三部預留伏筆。第三部不僅篇幅最大，也是整部小說的核心，古晟先生的多角身份與一生經歷，都可在這一部中看到蛛絲馬跡。不過，第三部的重點還是在於宣揚佛教「業報」、「輪迴」和「救度」的觀念。整部小說以「迷」始，而以「悟」終，正吻合了禪宗高僧所云「迷則眾生，悟則成佛」之根本義。

《迷情》三部曲的情節安排和某些手法，很像但丁（Dante Alighieri, 1265-1321）的《神曲》（La Comedia Divina），吾人可從幾方面言之：

一、在《神曲》中，但丁由他的「知識的導師」維吉爾（Virgil，古羅馬作家）引導遊地獄，再經煉獄，最後由貝德麗采（Beatrice）引領至天堂。而在《迷情》三部曲中，李明輝（作者的化身）由張美麗引導，在目睹了無間地獄的種種折磨之後，最後因悔改而登極樂世界。

二、《神曲》是詩劇，合計百篇，每一段都由「三聯詩」（terza）構成。這百篇又分成「地獄」（inferno）、「煉獄」（purgatorio）和「天堂」（paradiso）三大部分，前二者各33篇，後者34篇。而《迷情》三部曲也分成三部，先「迷情」，後「奇謀」，終「輪迴」，前二者各16篇，後者18篇。兩者雖然總篇數不一樣，但是各篇的比例是一致的，也就是三者大體呈現1:1:1的比例。《迷情》三部曲雖然不是詩劇，但其中也轉載了不少詩人的作品，這包括作者本人和林靜助、謝輝煌等今人之詩作，也引用了宋代蘇東坡的古典詩。

三、佛教的三界觀（欲界、色界、無色界）當然不同於基督教的三界觀（地獄、煉獄、天堂），佛教的「無色界」也不完全等同於於基督教的「天堂」。但是，《迷情》三部曲的第二部和第三部的大半所提到的「中陰身」亦即人死後投胎轉世之前的境界），其處境正如基督教的「煉獄」（未下地獄之罪人在此待一段時間，接受焠煉，以除去原罪，躋昇天堂）。東西神學的會通之處，竟然同時出現在相隔七百年東西兩位文學家的作品之中（《神曲》大約完成於西元一三〇四年），不能不說是巧合。準此以觀，《迷情》三部曲的步調，與《神曲》正是異曲而同工。

雖然如此，《迷情》三部曲在本質上終究不同於《神曲》。但丁以基督徒的身份，又以「白派」（Bianca）的一員來寫《神曲》，所以，他在作品中不但把公元前的文人、哲士和政客都納入九重地獄之中，也強烈批判他的政敵、異教人士（尤其是穆斯林）和違反清規的教皇。而古晟的小說則有強烈的反基督教色彩，宣稱伴隨它而來的資本主義和民主政治腐蝕了人心，並導致星球的滅絕（地球已滅絕五次，月球一次，火星兩次）。古晟在小說的第二部乾脆宣布：公元二〇七九年，資本主義和民主政治二者都已壽終正寢。這種「先知」式的筆法，實令人膽戰心驚！

身爲一個虔誠的佛教徒，古晟（也就是「本肇居士」）不僅在書中大肆宣揚佛教教義（小說中大概引用了《心經》、《本願經》等十部佛經），而且有強烈的「佛教本位」和護教心裡。書中主角李明輝一方面說佛教是地球上最好的宗教，也是月球和火星世界的第一大宗教，另一方面強烈批判基督教和西藏佛教。在政治立場上，「李明輝」認同「統一」，有明顯的中國意識和中國本位，在他眼裏，中國不僅是世界盟主，是地球上面積最大、科技最發達的國家，在月球和火星世界，亦是超極強國。小說的筆調多少反映了作者的政治立場和宗教傾向。

在敘述手法方面，《迷情》三部曲和《神曲》大不相同：但丁遊地獄，以當代人的眼光批判歷史人物及與他同時代的人物，而古晟小說的第三部則將故事往後拉到廿四世紀，而以「回溯」的方式批判二十和廿一世紀的政客（被批判者之中，有些「現在」還當權呢！）古晟的手法，可說比但丁更大膽。此種「回溯」方式或與佛教的「業報」和「功德迴向」有關。由此看來，作者的手法多少受到佛教教義的影響。

在救贖方面，基督教透過上帝的愛（Amor Dei）和基督徒對上帝的信仰來完成。此觀念表現在《神曲》上，就是貝德麗采（「上帝之愛」的化身）引領但丁，登上天堂的最高層——玫瑰層。佛教徒之得救，則在於真心的懺悔與頓悟，在於心念之轉，因此，明心見性可以念佛，放下屠刀也可以成佛。「罪人」與「佛」（「覺者」）之別，只在一念之間。《迷情》三部曲的第三部正是極力敷演佛教此種救度觀念。

就敘述的主體而言，《迷情》三部曲的大部分篇章，是以「第一人稱」來敘述自身的經歷——從墜入利湖慾海，到登上極樂世界的過程。亦即，作者以「參與者」（participant）的角色來發言。而在整部《神曲》中，我們看不到但丁以「我」自稱。易言之，但丁自始至終都以「旁觀者」（observer）的角色來敘述。而詩劇中出現的「但丁」一詞，正是詩人自身的「他者化」。不過，兩位文學家都扮演了「批判者」（critique）的角色，雖然他們批判的對象不一，所用的語彙也不一。若將兩者加以比較，我們會發現：古晟的手法更讓讀者感同身受，更引人入勝。

整體而言，古晟的這部小說《迷情》三部曲，不僅反映了作者半世紀以來的學經歷，也見證了台灣和世界各地近代的政治變遷。《迷情》三部曲在結構的嚴謹度方面，或許不如《神曲》，但是，作者以如椽之筆，馳騁其想像，排宕其胸懷，將一些原本不相干的事情（男女性事、政治鬥爭、佛門禪理與太空探險等等）組合在一起，拼湊出一部皇皇巨著。作者似乎透過書名暗示我們：如果我們執「迷」不悟，將永墮「輪迴」之中，不得超拔。因此，我們實不能將這部小說視爲性典或簡明版的佛經，也不能把它視爲科幻小說，我們應打開「天眼」，撥開蕪蔓，見其精華。

第十五章　實驗是否成功？古晟尚需努力

——實驗小說「迷情・奇謀・輪迴」評析

易水寒

前　言

古晟（陳福成）是位涵蓋歷史學、社會學、軍事評論、國防通識、政治、……等各個層面皆具有專業素養的學者，同時也寫詩和詩評論。從他四十幾部種類繁多的論著，誰也無法否認他的學問淵博、見多識廣。然而，他自稱自己撰寫的第一部小說作品「迷情・奇謀・輪迴」是一種「實驗小說」——實驗者，寫得好，值得慶幸；寫得不好，也不必難過。微妙的就是，他這部小說，論評者皆覺得很有深度，然而，能夠興味盎然讀畢全書者，好像爲數不多？

幾位事先答應評論者，屆時打退堂鼓的理由，竟然是無好話可說，怕得罪人，乾脆擱筆不寫。

而寫出評論的有好多位，都持平的就各自角度、觀察重點，闡釋自己的論見，都有發揮，值得肯定。

如果把這部作品歸納爲「歷史小說」，那就小看它的格局；如果把這部作品當作奇幻小說，那就忽略了他的嚴肅性；然而這部小說又不像是純正的文學作品，它匯集情色、言說、雜學、佛學於一爐，它比西遊記更爲神通廣大，可以上窮碧落下黃泉，更可以穿透生命的意涵，遊走各「次元」。但是，竟然還是嚮往所謂「極樂世界」，似乎脫離不了「俗氣」。

人的生命是不完美的，但是，每個人只要願意，可以再創自己新的生命。神仙其實永遠住在「極樂世界」不見得快樂幸福，「人間」有完美、有殘缺，有溫情、有兇狠，然而，人類既或朝向著滅亡的路走，他們從蠻荒到文明，亮麗地走過、擁有過、造福過眾生，已經具有存在意義。

「迷情・奇謀・輪迴」的寫作和出版，它的過程就值得肯定；那是一個孜孜矻矻的學者（書呆子）突發奇想寫的「實驗小說」，由一位默默耕耘的出版社（另一種書呆子）

的老闆，不計成本，代爲出版發行。

然後，現在由好幾位學者、作家、詩人看書、寫評，還要開評論會，加以宣揚，發表論文。這樣的行徑，就不是書呆子，而是傻瓜。但是，我們的文化能夠發展進步，就是有這樣的傻瓜，才成爲可能。

實驗內涵的商榷

作者寫作小說的主題繁多，包括當代社會（世界）人類的亂象、物質文明發達後人欲洪流氾濫，婚姻制度的式微，政客當權者的貪婪、腐化、縱橫、殘酷，人類科技文明發達，破壞地球生態，過度耗費資源，朝向自我毀滅的道路；佛學的崇高、宏法救人的情懷，地球的毀滅和人類自救之道，論列禪宗的奧妙，描述「中陰身」的意涵，不厭其煩的曉喻各種佛教經典……等等，作者有意融會貫通所學、經歷、將其精華布局爲小說的素材，第一部寫就於民國九十六年，接近九十七年三月總統大選前，預測未來的時局陷于混亂、腐敗；第二、三部隔了一年再繼續出版。

第一部寫「迷情」，以被詛咒的島嶼——台灣爲主體，重要主題在論列婚姻制度和婦女平權的問題。

顯然，多年來作者從事學術研究，經常考察社會動態，對各類資訊、社會運動注意觀察、研究，將其心得鋪陳在小說呈現。這是作者藉小說「言志」之一。

對外遇的研究，作者頗有心得，他曾經發表論文「現代社會外遇思潮研究——社會現象的觀察、判斷與預測」（註一），就頗多實際案例作研究，議論紮實而確切。其結論認爲：現代的所謂外遇，已經是普遍性的社會現象（主要導因於現代化社會現象的人際關係繁複）。

在小說中，透過主角李明輝和安安的談論，有相當長的篇幅，在論述婦女平權和外遇問題。

作者提到，早在幾十年前，胡適在「貞操問題」一書中說過，「兩人都相互尊重並相愛，便是貞操；夫婦之間若缺少『愛』這種本質，亦無貞操可言」。藉著書中的人物，提到「我們要尊重婦女人權，就包括她在『性』方面的獨立判斷能力，他有權決定自己的需要」。他甚至把自己發表在中國時報的論述「從文化層面落實反雛妓運動」整篇刊登出來（筆者注：是小說中的情節或現實中的事實，未查證）。

就所謂「實驗小說」的內涵論，談婦女平權、談外遇問題、或談相關的各種社會問題，如何把作者的思想，想表達的論見，透過小說鋪陳出來，這可能是一個新的「實驗」。

然而，小說寫作技巧的應用，如何達到作品美學的要求，或透過不著痕跡的「故事」推演，讓讀者欣然接受，甚至感動，是必須注重的關鍵；若只是平鋪直敘的鋪陳，必然缺乏感染力。

相對而言，作者透過小說的推演，提到所謂「前世療法」，引述一九九四年美國費城舉行精神醫學會，提出「生理心理社會心靈總體」論文報告，對利用催眠術開發潛意識及前世意識，可以有科學性的經驗證明，藉以西方學術界從事相關研究計畫，促成書中的主角安安接受催眠術療法，提出「因果輪迴」論，作者的意圖，是要讓讀者只當小說看，或者要大家信以爲真？

第一部的另一個題旨，寫的是政客的虛僞、勢利和台灣的分裂。對「台獨」的批判，這是作者透過這部小說「言志」之二。

作者鑑於二○○四年總統大選勝選一方,發生"319"事件而得以當選,被指控爲「陰謀篡國」，擔心二○○八年，故事重演，運用小說虛擬類似的情節，鋪陳爲第十一節到十六節的故事內容。對於「綠營」運用「抹黑、嫁禍」手段打擊政治對手，同時，引用美國國務院在二○○七年三月六日報告（筆者注：是真有其事還是瞎掰的？）指出，當時的總統一家人和執政團隊都在「搞錢」，批判台獨政權會變成貪污腐敗的政權，是因爲中國歷史上的分離主義多是一丘之貉。

用小說的型態，按作者選定的立場，針貶批判當代的政治，固然具有嘲諷的功用、意味，但涉及到社會價值的評判、政治立場的是非，難以涵蓋所有讀者的喜惡，若果缺少妥當的藝術處理，難以善盡美學效應。

作者對書中男女主角（李明輝和安安）外遇行徑，設定幾種充分的理由：1. 彼此元配之間性格不合、志趣不合，2. 應用前世療法和「因果輪迴」論，引述兩人具有前世因緣關係，3. 兩人在佛光山向佛陀立誓，此生或來生，若無其機緣成夫妻，誓不成佛；反之，若成夫妻，隔世兩人定出家修佛，普渡眾生。

這種功利性的祈求，很難讓讀者理解他們的宗教信仰爲何？

在第一部中，有多處描寫男女主角性愛的場面和心理，作者指出他們兩人是「真是靈、肉、性、情的和一交融」、「我們的交合是世間的經典作品，是人生的自我實現」（一〇二頁），在這種立論之下，多次對彼此性愛動作、過程的描寫相當「專業」和「細膩」，幾乎可以成爲性學寶典，令人「大開眼界」（作者是本身有過經驗，或者向哪裏抄襲的？）但是，作者這樣的描寫，這樣的立論，我們得到的印象是，作者對「性愛」給予正面評價，然而，一再的重複場面，所爲何來？第一五九頁還特別提到長沙馬王堆古墓出土的一批「房中術」要點，表列出來，令人的感覺是有點「炫耀」自己的「博學」？而在當夜兩人巫山雲雨後，男女主角同樣在夢中得到觀音菩薩開示，只要誠心修行，立下功德，未來就可以成爲夫妻，這未免讓人感覺「性愛」就是「夫妻」的唯一？

即或照小說作者的邏輯，李明輝和安安，他們的「功德」就是以「中陰身」到地獄當「罪犯」的教席，其過程中的所謂「修行」是什麼，讓人莫明所以？

相對於整部小說，李明輝和安安，不論相處、相愛、追求信仰佛陀、很難發現作者對主角人物心理蛻變過程的脈絡、內涵著力經營，同時，許多作者「累積」的知識學養，包含對佛學的經典闡釋，就像廚師，把他做菜的材料，未經精緻的廚藝烹調，只是硬生生的要讀者吃下。

顯然，書中的男女主角，只是作者通篇要闡述其各種主題的「媒介」；兩個主要角色，非但談不上所謂「人物性格」，甚至把「李明輝」和「陳福成」兩個角色混淆了（在第三部第二一〇頁，作者把自己現代詩作品”誰是永恆“刊登，小說文本並說：「……正是我的作品，同學們知道老師的別名叫”陳福成“，號”古晟“……」）。

小說作品這樣子的「實驗」寫法，確實值得商榷。

小說是一種文學作品的創作，和學者的撰寫論文，畢竟是兩回事。

小說作品內容，固然都可以是杜撰的，但是”瞎掰“是會嚇跑讀者的。比諸在第九節，寫到安安「變天」（她老公和妹妹發生曖昧關係），李明輝和安安彼此討論如何善後，作者所陳述的都具有相當理性和深度，作者藉這個論題，闡釋前面曾經提到的「外遇問題」的論點，而應用小說人物對話和情節推演，都有水準的表現，令讀者折服。

科幻的寓言乃是人性

小說作品是文學創作的一種品類，純文學小說，一般不如坊間「暢銷小說」擁有非常廣大的讀者群眾，然而，只要是好作品，它必然會細水長流，留下歷史地位。

小說創作的題材，可以千變萬化，但是萬變不離其宗，它的主要內容、表達的意涵、闡述的主題，必須不離開人性。不同時代，人類各有其不同的生活境遇，不論科技多發達、各種宗教信仰多奧妙、人的身心的演化和心理蛻變，不是幾世紀內就可改變。隨著時代的推演，人類生活的層面，持續擴大、多元，人們所經歷的際遇繁複多樣，當然給各種文化、藝術更多表達的題材；身處現代化的多媒體時代，傳統文學（平面媒體）的式微，是必然的趨勢，開創性的藝術表達媒介、手法日新月異，但是，真正文學、藝術作品所反映的必然離不開人性的本質，否則，即或表達的題材光怪陸離、炫感新奇，如果不能令人感動，又如何能被接受？

就古晟這部「實驗小說」第二部，描寫進出三界大滅絕，其內容和意涵，是一種創新，誠如他引述愛因斯坦的看法，「世間各宗教唯一經得起科學檢證，只有佛教，因爲佛教也是證悟和實踐的宗教」，提出佛教的宇宙觀分「三界」、「二十八層天」；而「三界」是「欲界」（人的七情六慾）、「色界」（修習禪定，超越一般欲望）、「無色界」（超越人類形體，只有意識存在）。

第二部，作者有意在前三節（17、18、19）仍然描寫男女主角沈緬在情慾當中，而從第二十節開始，逐漸涉入佛教的境界。只是，從小說文本上所看到的前幾節，性愛的場面持續上演，還發明所謂「名器」（第廿四頁），作專門術語的解說，還是一副性學專家的姿態，若要說，作者有意引導主角從佛教的「三界」昇華，很難置信。反倒是這種「專業」式的描寫，令讀者的焦點本末倒置。

從第十九節，作者開始他「天馬行空」式的書寫，包括地球進入第六次大滅絕進程、紫竹林中聽經聞法、到無色界面見蔣公、參訪地獄，然後因爲「塵緣」未了（不能超越「欲界」），被觀音菩薩逐出，變身二〇七九年的時空，在歷經二十年居士禪者生涯、四海爲家隨緣渡眾，其間，由歷經末世大滅絕、大動亂，地球人遷徙月球和火星，在星際傳法、和外星人接觸，經過生命輪迴，離開人世間，變成「中陰身」前往地獄當教席……。

第二部作品比較值得探討的重點如下：

一、很多作者意欲表達的題旨，往往用夢境描述，例如「輪迴因果」論，如第31頁的情節。結論是，前世一直出現的三娘和飄飄，就是安安。

二、完成禪宗祖庭之旅、「消災祈福法會」等內容、佛教的修行層次、專門知識，搭配現代化科學的詮釋，作者都有專精程度的修爲，充分表達在作品內。

三、小說終極追求的境界是「極樂世界」，一種「阿彌陀佛的大悲願力所建立的清淨國土，專供修行」、「永遠脫離六道生死輪迴，生到這裏的人也沒有生老病死。一切生活必需品只要起心動念就自然出現」（見第五十三、五十四頁），真是如意。

四、從事佛學的修行，離不開各種研習營、講習班、法會、禪宗、臨濟宗、觀音法門、禪淨密共修……等，唯有發心、發願、才能逐一完成。

五、運用各種夢境、幻想，可以把古今中外各種名人（不論聖賢或罪犯）聚攏在一起，談古論今、追根究底，論定褒貶（第二部、第三部所在多有）。

六、地藏菩薩邀請男女主角參觀各層地獄，透過小說描述，把佛教中的地獄景象，概述一篇（作者寫道「地藏菩薩本願經」白紙黑字寫著）。小說中描述在地獄所見的，幾乎都是「台獨」派的人物，而且都是在世的，古今中外的人也有，這些人選，當然是作者按照自己喜惡而定。

七、到了二〇七九年，人類已經遭受到破壞地球資源環境的惡果，世界上很多海島國家，包括台灣，已經部分沈入海底，氣候高溫，人類除了麈居在南北兩極外，都必須藏到地底生活。人類發明很多人造人：如生化人、電腦人、變性人、混種人、複製人，人類也搬遷到月球和火星。

八、作者把地球的步上毀滅，主要因素歸納於西方文明的資本主義和民主政治；因爲一再鼓勵消費，浪費地球資源，缺乏適當管制，有以致之。

九、作者爲男女主角李明輝和安安，安排一種在家修行的「居士」身分，既可以從事佛教修行，還可以保有夫妻性生活（見第一二〇頁），真是兼顧「人性」的考量。然後他們的餘生，就到世界各道場講經說法（所謂"渡眾"），他們甚至到月球、火星傳揚佛法去。

十、作者對二〇七九年後的宇宙情況描述，也有他的一番說詞，地球每隔幾億年就會滅絕一次，毀滅一個文明，又經過幾千萬年演化，再出現新文明，一種輪迴。第一五二頁所說的：「地球是一個有機體，人類正常生活排出的廢氣物、二氧化碳等，地球有釋解消除復原能力。但人類二百年沈迷破壞了他的復原能力，他要反撲，消滅人類，以使自己有千萬年休息時間，再創造另一種文明」，這個，確實是真知灼見。

十一、第一五三頁，作者畫的「二十二世紀初人類的太空星際發展圖示」，滿有創意，他讓男女主角到過「無色界」，參訪過「地獄」，也照這個圖示，從事星際旅行，還真要得。他還讓他們在「軌道上空再創名器」，而且可以連續無數次，這時，男人是七十三歲、女的是六十六歲，真是神奇（不然就是荒唐）！

十二、第一六〇頁，作者第一次提到「人的定義是什麼？生命意義何在？電腦人或光合人他們感受的真善美是一種"質"嗎？或僅是一種"量"？一種統計而已。作者直接探觸生命本質的問題，只是還沒有說出答案，這點，顯示作者寫這部實驗小說並非沒有深意。從當時火星東區「中國北京城」，在大劇院演出的劇碼竟然是「梁山伯與祝英台」歌舞劇，演員並非真人，傳承的卻是中國的傳統藝術文化。

十三、第一六九頁，寫道「積極參加佛教活動、法會，相機隨緣渡眾是我的天命」，終於提到主角李明輝的使命。

十四、在與外星人的「宇宙佛法化座談會」上，按照作者的描述，外星人已經達到

「無色界」的境界，看不出具體的外相，是「一個圓形透明體」。第一七二頁透過外星人的發言，表示他們這種生物已經達到佛的境界。這應該是作者這部小說最精要的主題了。

經過如上的條列彙整，作者的意圖就十分明顯，只是筆觸過於「天馬行空」，各種蕪雜的題材，缺乏精緻的剪裁和調理，加上實驗性的「超現實」寫作方式，即要超越未來批判當今的政治人物、又要隨興所至表現自我的博學；一邊要弘揚佛學大量的經典、一邊又要對古今中外的政客梟雄褒貶；同時要描繪男女主角如何超脫昇華、並且又割捨不了對性愛的「專業知識」的賣弄，這樣，形成布局紊亂、中心焦點模糊不清，弱化了這部作品的震撼力。

其實，作者的苦心孤詣，我們應該給予適度的肯定、讚揚。

「科幻的寓言乃是人性」，即或人從蠻荒年代進步到科技巔峰，耗盡地球資源而趨於毀滅，地球經過休生養息後，又萌芽新的文明，周而復始，所謂因果輪迴也罷，那一部份昇華到"佛陀"境界的人，他們何嘗不是從人的最初開始？他們或許可以「隨心所欲不逾距」，但是真的快樂嗎？

今天，人類即或不能自救，「人性」的可塑性，正是身爲人的最大資產；若有「科幻的寓言」，那也是人所撰著的。生而爲人，爲善爲惡、上升或沈淪，最大的支撐點，乃是人本身。

這就是人的尊嚴。”佛陀“是由人創造的。

檢驗「中陰身」經歷記的實驗

按照作者所言，「中陰身」是人死亡後的「靈魂」，沒有形體，只有意識。作者借用男女主角往生後的「中陰身」遊歷地獄，並擔任地獄罪犯的教席，用來描述想像中的地獄概況（主要透過佛教經典的描述），再透過故事的鋪陳，逐一批判褒貶包括當代政治人物和古今中外的人士。

當然，透過第三部作品所描述的地獄情況，整體而言，仍舊是人間概況的反映。其間的美醜善惡標準和人間並無不同，只有對當代政治和歷史人物的評判，是按照作者先驗性的標準。

這當中，作者海闊天空的，可以談禪、談解脫。小說借機推演作者各種哲學意涵的言行、各種佛經的道理，例如介紹「佛力超薦法會目的即冥陽兩利，同時也是知恩、報恩的一種表達」，所謂「聖人轉心、凡人轉境」、「相隨心轉、境由心造」，表達禪定的意涵。其中，依序介紹很多佛經的內涵，並且不厭其煩的，逐一介紹，甚至透過男女主角教席授課的方式，成篇累牘，爲讀者上課。就一般讀者而言，能夠終卷閱讀者，幾希？

就第三部作品而言，幾乎等於是一部佛教經典教科書。

這當中，比較具有「劇情」的，有作者爲麥克傑生翻案平冤、包公審 319 案、閻羅王城詩歌樂活動等。

作者藉在地獄審判所有「台獨」份子，並且極盡挖苦之能事，還一個個爲他們做打油詩（第四三—四七頁），多達五頁，並且安排蔣介石、六祖惠能來向罪人講經說法。這樣的寫法，會不會令部分讀者感到啼笑皆非？

在第六十頁，作者還發明一種新儀器，品名叫做「業感追蹤現場重建系統」，適用於六道眾生，然後，劇情鋪陳「319 案在陰陽兩界從未曝光的現場重建畫面」，影像和音響顯示那些嫌犯涉案的過程，再由包公審判罪證俱全，懲罰都下油鍋。

另外，包公還審查「二二八事件」，小說寫到：「若論主謀者便是當時美國和日本的領導階層」（這點，作者在小說當中，曾經提到報紙報導這段祕辛）。

另外，「閻羅王城詩歌研討會與欣賞會」，邀請貴賓包含三界、極樂世界、地獄、陰陽各界詩歌名家共襄盛舉，包括披頭合唱團、麥克傑生樂團、貓王、五百等表演，其用意是用詩歌音樂來改變罪人的性情。更妙的是，參加這次活動的，包括古代的李白、杜甫等外，涵蓋了當今「葡萄園」詩刊、「創世紀」詩刊、「文學人」、「三月詩會」、「秋水詩社」、「中國詩歌藝術學會」及其他許多詩刊的詩人，小說中，全部把他們的大名一一列出來。最妙的，鄭雅文也赫然在上。

然後，當今許多位詩人的作品，也上了版面，當然，金筑和台客都跑不掉。其中，作者的詩作品最多。透過小說，作者藉機強調他一貫主張的作品風格，就是：「中國性、民族性」的思想內涵（第九十四頁）。

這一節所謂「閻羅王城詩歌樂high 各界名品教化眾生」，活動過程的敘述就佔了十六頁，不知道這算不算「瞎掰」？

作者運用小說的推演，包含對禪宗、佛學各種境界的闡釋，譬如引用蘇東坡和證悟禪師詩作品做比較，以及神秀和尚和慧能和尚對「明鏡本非台」的禪學悟道的類比；或把世界上各大宗教做演繹式的評比，突顯佛教的高超偉大，當中無不顯示出作者的博學。

最後一節，作者借用觀音的說法，認定人類不可救藥，無法避開大滅絕命運，地球在大未來開始進行千萬年的休息，重新來過，印證宇宙輪迴因果論的結果；小說的男女主角和他的朋友們，終於得償宿願，都可以到「極樂世界」。

結語

客觀地說，「迷情・奇謀・輪迴」，這部小說作品的「實驗性質」當然值得肯定，作者以一位學者，第一次創作小說，並且有意採取自己特殊的作品風格、題材，闡揚佛法、勸人向善、懲惡揚善等主題，都具有正面的價值。

作者無論學術涵養或人生體驗，都已達到一定的境界，透過小說作品所意欲表達的，過去尚未有過。當然，從本部小說的寫作內容和技巧，可以審視作者對於文學作品、文學史等領域，尚需多所涉獵，則對於未來的創作，必然更爲完美。

當代，所謂「新人類的邏輯」，是個電腦主導的時代，同時產生圖像文明和新文盲，新一代的青年，表層聰明，深層淺薄，面臨地球村的時代，媒體就是訊息，遊戲化社會，流行與分眾，消費者就是藝術家，世界性的華人關係重組，女人世界的崛起，男女關係重組……等等「非後現代主義」的時尚來臨，這些更值得作者加以觀察、審視，或許這些更現實的題材，值得作者列爲下一部「實驗小說」的寫作題材，祝福我們的作者，大家鼓掌！

第十六章　從地球展望多重宇宙

——我看「迷情、奇謀、輪迴」

方飛白

文如其人與文不如其人

與福成兄相識多年，一直感覺他是個熱心、誠懇、彬彬有禮的正人君子，爲人重承諾、平易近人、樂善好施，觀念開放不守舊。永遠在努力創作，至今已出版了六十本著作，並且還在規劃寫作新書。可見其對寫作的用心與熱誠。

因職業與教育背景，過去他大部分專注於政治、軍事、國防方面的寫作，可說是「一板一眼」，充滿「春秋大義」之氣勢，很少「怪力亂神」之類的言論。應該說受其工作環境影響很大。

但自台大退休之後，在社會上認識更多文藝界的朋友，逐漸投身於各類文藝活動之中，當然也因此受到諸多文人的影響，他的寫作方向也漸漸改變，因而也寫了許多的現代詩、自傳、自傳體小說等等。可說逐漸「由硬變軟」了。尤其，他近年不斷嘗試新形式的寫作，企圖以不同文類表現自我的想法與思緒。當然，做爲某些文類的「生手」，不免有不太純熟之處，但是能勇於嘗試，就有可能創造新的文學，打出一片新的江山，只要能繼續努力創新，有朝一日，必能有更精彩的作品，可以成爲「傳世經典」之作，是指日可待的！！

前提其「硬性」作品，可說是「文如其人」，很合其「春秋大義」式的性格。但開始寫「軟性」的文藝作品，如詩如小說等，就漸漸有所不同了，詩方面就不能說得「明明白白」，有時必須「猶抱琵琶半遮面」，一方面有些情感之事不方便「一吐爲快」，一方面有時爲表現含蓄之情意，而故意表現「朦朧美」。如此就與他的個性有所不同，無法「直來直往」。

小說方面，由於「真假不分」、「時真時假」、「亦真亦假」，就無法「文如其人」了，有時爲表現更激烈的情感，會與現實有所出入，甚至完全脫節，有時用「評論」無法表達者，可在小說情節之中「發洩」出來，有些「事實」不好意思明說，故意託言是「小說情節」，讓其「混沌不清」，這可以說是「寫小說」的好處，情節可以更變化莫測，可以表現得更爲激烈，也可以真真假假，而無須躲躲藏藏，情節的真假更無法考證，更令人「捉摸不定」，更「深不可測」。

這就是我所說「文不如其人」方面的寫作方向。當然，會有不少好處，更能揮灑自如，是個寫作新方向。

小說重點、優點與缺點

1. 關於宗教方面：

宗教是人類歷史中的大課題，歷代人類有爲它而戰的，爲它而死的，有靠它控制人民的，也有靠它發大財，不一而足。至今，宗教的面紗依然是神秘的，它的力量依然是巨大的。因此，討論此課題是很必要的，它不只單純探討人類心靈的事物，更擴及於文化、藝術、生活、婚姻、政治、軍事等課題。

小說中提到一些「新觀點」，認爲未來某些不同宗教可以融合爲一體。歷史上，的確有某些「宗教融合」的現象。例如：佛教確實曾吸收婆羅門的某些教義。西藏的密宗，也是印度後期佛教與當地薩滿教的混合物。現代世界各地所謂「新興宗教」，也都是「混合式教義」組成的新宗教。但是，並非所有不同宗教皆可以「融合爲一體」的。

試問「無神論」如何與「有神論」融合？其基本精神完全相反，只會「打架」，無法融合，這是明顯可知的，當然，做爲一種「理想」可以，卻不必過度期望，只能是「小說情節」！！

小說中大大地批判不少宗教，而獨尊「無神論」的佛教。但是，事實上世界上的各種宗教有其歷史文化不同背景，「宗教不只是宗教」，還涉及其他複雜的因素。因此，其他宗教不見得會不見了，佛教也不一定會長存（佛教在印度不是曾經消聲匿跡過嗎？）。雖然，佛教言「人人皆可成佛」，但「佛」究竟不是創造世界的「神」，神可能都救不了世界，何況是人！試看多少神棍平時大喊「神通廣大」，天災降臨時，全部「默默無語」，不是很可笑嗎？這些神棍只「搞自己的利益」，而不是「利益眾生」，可惡至極，與「人渣」無異。

提到宗教，就不得不提到「有神」與「無神」。福成兄認同佛教「無神論」。放眼世界各種「無神論」，大都認爲宇宙是自然形成的，是「大爆炸」（當然，這也只是假設，而非結論）之後逐漸演化爲今日吾人所見的宇宙（與看不見的宇宙）。

其中最著名的，首推達爾文的「進化論」，幾乎是學界的「主流」，甚至很多人認爲是「真理」，但事實上，「進化論」仍有許多的問題與無法解釋之處，在此僅列數項，簡述於下：

a. 活化石問題

地球上的生物，有不少所謂的「活化石」（例如腔棘魚、銀杏、原蛙、海百合、鸚鵡螺、翁戎螺、南洋杉……）。最極端的例子是在加拿大南安大略發現的一種單細胞生物，它竟然在地球生存了十九億年，而幾乎未曾改變形態，這種億萬年不變的「活化石」，完全不合乎「進化論」的規律，「進化論」不是不攻自破嗎？

b. 科學家將地球生物分門別類，看來十分井然有序，有些生物外形也十分相似，但是，經仔細研究，各門生物相互之間並無「親屬關係」，兩者之間並無發現「中間型生物」（具體而言，只有長頸鹿，而不見中頸鹿與短頸鹿）或「過渡期生物」（不論是活物或化石），也就是無法證明B是由A進化而成的，也就是說「進化論」只是「假設」或「推論」，並無法證明它是「真理」。

c. 突變產生進化問題。經專家研究，「突變」是散亂無方向的，不是有秩序地朝「更高等」方向進行。同時突變頻率很低，並且大部分是有害的，甚至是致命的。

就人類而言，如白化病、黑尿病、血友病都是因基因突變產生的嚴重疾病。甚至醫學界認爲癌症的病源，乃因細胞基因突變所產生的。

d.化石的發現與進化史次序顛倒問題。例如進化論者認爲陸生植物在三葉蟲絕種之後一億年才出現。但卻有六十種以上的木本植物化石出現在寒武紀化石層中，表示其與三葉蟲生存於同一年代，那「進化論」不是成爲「進化顛倒論」了嗎？顯然也是不通之理論！更極端的例子，在美國德州玫瑰谷的河床，竟然發現人類與恐龍的足跡化石同時存在，這又如何解釋呢？

e.「進化論」者認爲萬物的演化是經過長時間「逐漸改變演化」而來；但是，距今約五億四千萬年前，正當「寒武紀」時期，地球卻在數萬年之間，出現所謂「生物大爆發」，生物種類突然大量出現，今日脊椎、節肢等動物群之原型「突然出現」。包括昆明魚（可能是與人類有關的最古老脊椎動物，也是科學家認定爲世界最古老的魚類），與種類繁多、形態各異的「奇蝦類」、「三葉蟲類」的動物群等等。「進化論」在此又不通了？如何「自圓其說」呢？

以上數點之外，還有「人口爆炸問題」，人類祖先起源的問題，都使「進化論」無法自圓其說，可見其非「定論」，更不是「真理」。

當然，「無神論」有不少問題，同時「有神論」也是不斷有人爭論，而問題重重（例如：神在哪裡？如何證明？神又是「誰」創造的等等，亦無法解釋清楚）。

就因爲「宗教真象不明」，因此有心人便各自發展一套理論，世界上因此出現許許多多的「宗教」，大家都扯不清，因此，又繼續分出許許多多不同小教派。未來，會有更多宗教，不可能定於一尊；因爲「真象不明」也！大家都號稱自己那一套理論就是「真理」，爲惡者也因此能以「上帝之名」胡搞亂搞一通，如果真有「上帝」，看到此「宗教亂象」，爲何沒有「現身」將神棍們一舉消滅呢？怪哉！

反正，「有神」與「無神」皆有問題，但又無法證明其「對」或「錯」。只好「存而不論」，只好等待人們繼續研究自然，探討宇宙，以便發現「真理」！

2. 宇宙科技與人類未來

作者在書中提到不少關於人類未來、科技未來的預測與假想。

例如：人類如何向外太空發展與征服，如何改造外太空環境以適合人類「移民」，如人類將創造各式各樣的機器人、電腦人、奈米光影人、光合人、人與動植物結合的「半人」或「類人」或「新人種」等等。有些已存在於現實世界，有些則仍然是「幻想」，但是，科技發展一日千里，也許有一天會發明創造出來也未可知！

試想，我們這個宇宙，它年齡在一三〇—二〇〇億年左右，而地球年齡只不過四十五億年，哺乳類動物誕生於六千五百萬年前，而人類的出現最早不會超過數百萬年前，可見人類的歷史與宇宙相比，是多麼微不足道！

而宇宙中存在著數千億星系，每個星系又存在數千億個恆星與各類星體，地球只是其中一顆小小的藍色小星球。而主流科學認爲人類對宇宙存在的「黑暗能量」與「黑暗物質」（合計佔全宇宙九十五%以上）幾乎是「完全無知」的。人類對存在可見物質（佔全宇宙的四%左右而已），也不是全知的。可見人類對宇宙的了解確實是很有限的。可見人類是渺小到「不可說」的地步，不論人類科技如何發展，要了解宇宙與「多重宇宙」，還是很遙遠的，人如何勝天呢？

專家研究，地球過去曾經發生過「五次大滅絕」。可見大自然是不可捉摸的，其力量是巨大的，人類完全無法掌控！！

全球有識之士，不斷提出警告，由於人類不斷破壞大自然，大自然必然反撲，故人類應該保護地球，避免環境惡化，人類「自取滅亡」。這當然是一種事實，也是必須有所做爲的時刻，不容懷疑！

但從另一方面來思考，地球以前「五次大滅絕」時，根本沒有人類，那些大滅絕難道也是因爲恐龍「破壞環境」，因此引起大自然的反撲，才發生「大滅絕」嗎？顯然不是，宇宙有其「成住壞空」的自然循環，即使一切生物不去破壞自然，一切順應自然，太陽也有滅亡的一天，人類的命運是無法自己掌控的，所謂「天命」不正是如此嗎？這種情況，雖然悲哀，但是確也是事實，無法逃避！！

我們身處永遠在「變化」當中的宇宙，處處有危機，時時有危險。人類對自然的破壞當然也是原因之一，但是，總比不上地球的一個大翻身，或者宇宙的一個小感冒。試想，隨便一顆超新星的爆炸，人類可以控制嗎？「大爆炸」之前「宇宙小球」內的溫度高達一百億百萬百萬百萬度（爲10的28次方），這是人可以測度的嗎？在此宇宙之外的「多重宇宙」、「多維時空」是人可以想像出來的嗎？（雖然佛教也提過「十方世界」或地獄天堂，但是，大部分也是不清不楚的說法而已。）

這些事實，再次說明人類的微小與短暫，也就是說不論科技多麼發達，從整個宇宙來看，都還是微不足道的！

因此，不論福成兄在書中如何幻想，也許對「外星人」而言，都只是「小兒科」「小把戲」而已！！建議作者能有「更前衛」、「更瘋狂」的想像力。例如：他的女友根本也是個機器人，或作者本身就是個「以寫作爲專業」的「人造人」，那不是更猛嗎？又如老套的「太空船」旅行，太落伍啦！或許應該創造出可以隨意進出各星系、自由往來多重宇宙的「新新人類」呢？（也許是結合人、動物、植物、電腦於一體的人種吧！）

這不是更炫嗎？

這些「點子」，也並非「新發明」，佛教中的無數的神佛，神怪小說中的各種妖魔，「1001 夜」中的各類精靈，不是早在人們的想像中數百年了嗎？人們不是常說「人類因夢想而偉大」嗎？盼望福成兄在科技與科幻上的想像可以更上一層樓！想像力是無限的！永遠向前的！

3. 世界局勢大預測

自有人類以來，世界局勢大都處於混亂與戰亂之中。世界已經歷經兩次大戰與無數小戰。目前，世界各地依然有不少地區處於緊張狀態，隨時會引爆戰亂。全世界的核子武器，光美、俄兩大國之數量，其威力就足以毀滅整個地球。

人類自古以來爭權奪利；到了現代，爲了爭霸權、爭能源，到處搞陰謀、玩花招，無所不用其極，可謂爲達目的可以不惜一切代價，一定要拼到「你死我活」，甚至「同歸於盡」才甘心！

爲了「大家一起死」！人類不斷發展出可怕的致命武器，不斷發展武器的結果，毀滅力愈來愈強大，體積愈來愈小。「天使與魔鬼」的作者更「想像」出可用極少量「反物質」來毀滅整座城市，想來多麼恐怖！

見諸人類歷史，瘋狂者很多，世界資源又有限，又分配極爲不平均，當然一定引起爭奪戰。除非奇蹟出現，人類願意和平共同來討論「世界人類大和解」，或者上帝現身來指導人類、拯救人類，否則，未來的世界大戰一定無法避免！

福成兄以其「軍事家」的眼光來看世界未來局勢，確實有不錯的遠見。例如：以色列終歸是少數，其「彈丸之地」免不了毀於「核子戰爭」之中；台灣回歸中國，也是擺脫不了的歷史宿命；非洲在戰爭與各種疾病的侵襲之下，也必然成爲「人間地獄」！這些預測，是否可以避免，就看人類的智慧了，是否能建立「世界性的社會主義體系」來管理世界，進而拯救世界就不得而知了。

其推論與預測，看來已經很悲慘；但是，更悲慘的事也許會降臨，全球人口還會餘下一億人嗎？恐龍都會滅絕，獨獨人類可以避免嗎？全地球的生物，生命力比人類更強者不在少數，一日世界大戰，各種疾病侵襲人類，最後地球留下一片充滿毒素的廢墟，人類還能生存嗎？

即使少數人逃離地球，在其他星球更惡劣的環境中，人類有可能活得下來嗎？答案是悲觀的！！

在太陽系中幾乎是不可能的，因爲地球幾乎是太陽系中最適合生物生存之地，除非奇蹟出現。或者人類發現前往另外更適合人類的「其他宇宙」或「其他時空」才有可能！否則人類必然是死定了！

或許可以這麼預測，人類如不是互相殘殺而滅絕，也會被自然天災所滅亡。

雖然大家都想往好的方向走，但是「天不從人願」比較有可能，但願「天佑人類」！

數點建議

第一點：小說也可發揚「春秋大義」

雖然作者表示他的小說並不是很嚴肅的作品，畢竟小說只是小說；但是，中國有不少古老的經典小說，如「三國演義」、「水滸傳」、「儒林外史」等。不是也有許多講忠孝節義，諷刺官場腐敗的情節嗎?在「娛樂」之餘，來點「教育意義」也不錯。尤其書中有不少「真人真名」的當代人物，情節總不能與「事實」差太多，否則容易讓對「事實」不明白的人，「誤認」書中的「假情節」爲「真歷史」，那不是「殺很大」嗎？

例如「蔣介石」這位人物，他與毛澤東在歷史上同樣「有功有過」，現在連共黨中國都有人在大批毛澤東，福成兄崇拜的李敖大作家也寫過不少批蔣的專文專書。如果書中只注重他「正」的一面，可能會誤導「不懂歷史」的讀者，誤解蔣介石的真實面目，雖然，作者提到他在其他作品中也有大批老蔣，但顯然在此部小說中太過「美化」老蔣，實在是「太超過」了！！

第二點：搞性愛，可以再「深入一點」

安安這位「極品」小女人，是作者念念不忘的情人，在《公主與王子的夢想》（文史哲出版）已經是女主角了，有讀過該書者，應不陌生！作者與她是「前世今生未來」都要相愛的對象。因此，兩人相戀的熱度與激情都是很強烈。小說中，兩人的性愛場景很多，肢體動作與呻吟聲也都相當精彩，充份表達了兩人深深相愛的真情，這部分很不錯。此外，作者也提到道家房中的「七損六益」，算是有「性愛教育」的價值。

但是，以更高標準來看，似乎仍缺乏一些什麼，我認爲是用文字表達性愛更高的價值，思考更多更深層次這部分。

性愛經典名著「查泰萊夫人的情人」有這樣子的句子：

——他迷醉的狀態，使她再次覺得有點驚訝起來，他在撫觸著她生動而赤裸的肉體時所感受的美，這種他沉醉於她肉體之美的欣賞神態，她是不了解的。光是觸摸到她那活生生的、神秘的胴體，幾乎達到銷魂之樂，因為情慾使人了解肉體之美，缺乏或失去了情慾，便無法了解這亢奮的肉體之美，甚至還會輕視這種又溫暖又柔軟的胴體之神秘呢！她感覺他的臉頰在她的大腿上，在她的小腹上，和她後臀上，溫柔地摩著，他的鬍鬚和他的柔軟而濃密的頭髮，緊緊地擦著她，她的兩膝開始顫抖起來了。

——在她很遙遠的靈魂裡面，她覺得有些什麼新的東西在那裡跳動著，她覺得一種新生的裸體在那裡浮露了出來，她有點害怕起來，她有點希望他不要這樣愛撫她了，她只覺得被他深深的熱情環抱著。然而，她卻等待著、等待著。

——波動著、波動著、波動著，好像輕柔的火焰輕撲，輕柔得像羽毛一樣，向著光輝的頂點直奔，美妙地、美妙地把她融解，把她整個的內部融解了。那好像是鐘聲一樣，一波一波地登峯造極。

——她躺著，不自覺地發出狂野的、細微的呻吟，呻吟持續到最後。但是他結束得太快了，太快了；而她再也無法用自己的力量得到自己所要的結果。因為這一次是不同了，感覺完全不一樣了。她毫無能力了。她再也不能挺起來纏著他，去博得她自己的滿足了。當她覺得他引退著、收縮著，就要從她裡面滑脫出來的可怕的片刻，她的心裡在暗暗地呻吟著，她只好等待、等待。她的整個的肉體在溫柔地開展著，溫柔地哀懇著，好像一根潮水中的海葵，請求著他再進去，而使她滿足。

——她在熾烈的熱情中昏迷著、緊貼著他；他並沒有完全滑脫了她，她覺得他溫軟的肉蕾，在她裡面聳動起來，用著奇異的、有節奏的動作，一種奇異的節奏在她裡面氾濫起來，膨脹著，直至把她空洞的意識充滿了，於是，難以形容的動作重新開始。

——康妮緩緩地歸去，明白了在她的體肉，另有一件深藏著的東西了。另有一個自我在她的裡面活著，在她的體內、子宮內，溫柔地融化著。她以這個自我的全部，去崇拜她的情人。她崇拜到覺得走路時，兩膝都發軟了。在她的體內、子宮內，她滿足地、生氣蓬勃地、脆弱地、不能自己地崇拜他，像一個最天真的少女。她對自己說：「那好像是個孩子，那好像有個孩子在我的裡面」……那是真的，她的子宮，一向好像是關閉著的，現在是展開了，給一個新的生命充實了，這新的生命雖然近乎是一種負擔，但卻是可愛的。

——當他幽怨似地說：「啊，妳真是是可愛！」時，她裡面的什麼東西在顫抖著，而她的精神裡面，什麼東西卻僵硬起來準備反抗；反抗這可怕的肉體親密，反抗他的奇特而迅速的佔有。這一次她並沒有被她自己銷魂的情慾所壓倒；她躺著，兩手無力地放在他抽動著的的身體上，無論怎樣，她都禁不住她的精神在作局外觀，她覺得他臀部的衝撞是可笑的，他陰莖的那種渴望著得到那刻發洩的樣子，是滑稽的。是的，這便是愛，這可笑的兩臀的衝撞，這可憐的、無意義的、潤濕的小陰莖的萎縮，這便是神聖的愛！畢竟，近代人的藐視這種玩意兒是有理由的；因為這是一種把戲。有些詩人說得對，創造人類的上帝，一定有個乖戾的、幽默的官能，他造了一個有理智的人，而同時卻追加做幾種可笑的姿勢，而且使他盲目地追求這可笑的把戲。甚至那位莫泊桑都覺得愛是屈辱的沒落。世人輕蔑床第間事，卻又拼命做它。

如此優美流暢的文詞，不僅思路清晰、典雅，並且深入探討性愛與相關的問題，使「性愛不只是性愛」，因而更能感動人心，引發思考。因而成爲「經典之作」。

我想福成兄必然也會有同感，畢竟「經典」總會有非凡之處，相信以福成兄的經驗與知識，不久的未來，會有更精彩的性愛作品與讀者見面！

第三點：改寫成劇本拍成電影

既然這部小說內容如此豐富，情節又精彩，融合各類「口味」於一部書，相信是拍電影的好體裁。

這類具科幻魔幻內容的小說，在西方已有不少成功的經驗，如「天方夜譚」的神怪電影，「哈利波特」、「阿凡達」等魔法電影等等。因爲時空可以大轉移，人物可以大混戰，可以快速進出多重宇宙，自由來回前生與今世甚至未來，毛澤東可以大戰陳水扁，耶穌可與佛陀對談真理，張飛可以和岳飛對陣大戰，各類高科技武器可以在太空中大爆破、大毀滅，這是何等精彩的場面，一定是聲光皆有看頭吧！這不是幻想，而是一種「期待」。

第十七章　我的第一本小說

——回應古晟實驗小說「迷情．奇謀．輪迴」評論會

古晟

我首先要感謝所有這次參加評論會的作家、詩人及文化界的朋友，感謝提出論文講評的金劍、雪飛、謝輝煌、許其正、狼跋、胡其德、易水寒等七君子，及口頭講評的金筑、林恭祖、台客等多位先進。諸位文壇好友不論從那一角度切入臧否，對我都是警惕和學習。

自從今（二〇一〇年）年元月廿三日，在「老田」餐廳辦完這場講評會後，我聽取多項意見，其中之一是修訂後再出合訂本。我個人想再沈澱些時候，但紫丁香詩刊社社長鄭雅文小姐表示有極大興趣，已同意交由她進行「校訂本」工作，只是大結構不會改變。

但講評會中有許多問題，許多的爲甚麼？我都無法很明確的給各家一個滿意的答

案。因此，我利用這個論壇回應的機會，談談我寫這部小說的動機、心路歷程等，或許可以回答一些「爲甚麼？」

這部小說以「古晟」筆名，分三集由文史哲出版社發行，三集之主標題同，而附標題不同：

第一集「迷情・奇謀・輪迴」：被詛咒的島嶼。

第二集「迷情・奇謀・輪迴」：進出三界大滅絕。

第三集「迷情・奇謀・輪迴」：我的中陰身經歷記。

三集分三次出版，從二〇〇七年十月到二〇〇九年十月第三集完結篇。幾年前我大發奇想，要寫一本與目前市場上完全都不同的小說，我心中忖度著「前無古人後無來者」，絕不與任何小說家有「類同」情形，但要能抓住人心、抓住人的胃口、要High翻天，把握古今中外誘人的小說元素「奇情、奇謀、奇詭」的「三奇要素」；還要顛覆古今、顛覆當代，這談何容易？我訂了幾個原則：

第一、情色（色情）奇，而非言情小說，更非色情小說，因爲我絕寫不過李昂。

第二、突破一切限制，包含突破時空，三界二十八重天任我來去自如，但非科幻，因爲寫不過倪匡。

第三、政治鬥爭、謀殺、姦人篡國等，向來都是吸引人的話題，但要把場景無限擴大，也是突破時空。

這些都訂在寫作計畫上，也是小說的構想方向。接下來就是三集內容的大致布局，每一集應有當集的「核心」，圍繞著核心發展出各章節內容。

第一集「被詛咒的島嶼」，初看以爲作者在詛咒台灣，但愈看愈不是，因爲地球上每一大洲也是一個島嶼，而地球更是大宇宙中的小島嶼。只不過台灣最先發生，住在這裡的人一定最先感受到詛咒的力量。

第二集「進出三界大滅絕」，小說的場景逐步拉開，擴大到三界二十八重天，時間則到主角的「今生今世」結束爲止，而這時候地球的第六次大滅絕即將「完成」，人類面臨毀滅（逃往其他星球），其實這時才廿二世紀，地球雖已不可爲，外星世界確有大作爲、大希望。

第三集「我的中陰身經歷記」，這當然已是陰界的故事，信之者視爲「真理」，不信者說我胡說八道。但中外名著如西遊記、封神榜、哈莉波特等，那一部不在胡說八道。所以，我無須再解釋「中陰身」真實性的問題，任由每一讀者「自由心證」，或由個人的信仰去論證。

這是關於這部小說寫作動機、章節安排和構想的說明。全書（一到三集）有兩個問題大家很有興趣，一是把一些台獨貪官污吏、古今暴君、侵略者等全都打入地獄；一是把人類的毀滅歸罪於資本主義、民主政治和基督思想，此三者且是合一的，再往下推論，月球和火星文明毀滅的禍首也是此三者。（會中金筑老哥起來抗議，他說他是基督徒，我接受抗議，即是小說評論，正反各方意見都是寶貴的。）

關於這兩個問題，我承認「作品是作家自己另一面」，任何作品（學術、文學、藝術、電影……），都是創作者本身思想、風格、觀念、好惡的表達。我也不例外，尤其「詩人的真誠，是所有文人中純度最高的。」所以，我肯定的告訴大家，這部小說就風格上，甚至內容選材上，強烈反應我的人生觀、中國大歷史觀、道德觀、宗教觀和世界觀。

既然如此，大家最想揭開的謎題，是書中那個叫李明輝的「我」，不就是本書作者自己嗎?可以這樣解。但我這個「我」更代表眾生的掙扎，眾生有那些掙扎?這是任何人極難百分百的說能「解脫」的掉的，人人每天都在掙扎的，貪生怕死掙扎、名利掙扎、得失掙扎、性愛與修行掙扎、人神掙扎……或許星雲大師、惟覺老和尚、證嚴法師，以他們的修行功力應已無甚麼掙扎了。但他們仍是一個「活生生的人」，尚未成「佛」吧！

雖說眾生有佛性，人人應以「我是佛」期許，終究尚未達到那種境界，只好再努力。所以，小說中的「我」，確實是作者的掙扎，更是眾生的掙扎，有誰能說他已如「觀自在」那般自在，完全無掙扎了，解脫了，有誰？

爲小說的寫「真」，以能取信讀者。我在許多方面用「真人真事真情」，蒐集大量學術研究、媒體報導和歷史地理等資料。此種方式和西遊記、封神榜，及至金庸、古龍的武俠小說相同，使用真實歷史背景、地理場景（名山大川）和人物，再擴大宣染更多的虛構情節，使虛中有實，實中有虛，虛虛實實，才能誘發啓動讀者的想像力。此種「真」表現在幾方面：

・政治鬥爭和貪官是真的。
・地質與氣象科學家對地球毀滅的研究是真的。
・地球地理及太陽系宇宙論是真的。
・地球第六次大滅絕已開始是真的。
・當然，輪迴、因果律、三界也是真的。

當書寫完，也出版了，接受讀者公開檢驗。在評論會中，我和大家想到「共同問題」，便是如何定位這本小說！情色、色情、科幻、武俠、政治鬥爭、警世……是那一類的？

總有一個「定位」吧！否則是甚麼東東？是「異形」嗎？

金劍先生說，改名爲「涅槃」，擴大數位網路成電子書，發行到全世界，可以清滌人類心靈蒙受的污塵。是否有這種「價值」，須要出版商的意願。因爲有無「市場」，或有無「商機」？作者通常不很在行，但作者定有這種更大的期待。至於改名「涅槃」，須再多做思考。

謝輝煌先生說，這是一部才子型的人寫的小說。像「金瓶梅」，又像「西遊記」；像「紅樓夢」，又像「三國演義」；像「鏡花緣」，又像「五燈會元」；像「高僧傳」，又像「包公案」，乃至「地獄春秋」……。但又都不是，又都讓人讀來有點愛恨情仇、喜怒哀樂的情緒激動。似乎是無法定位的，如人類的前途，如每個人的明天，未來要如何「定位」？再請高人大德來論述！

胡其德教授將這部小說與但丁（Dante Alighieri, 1265-1321）的「神曲」（La Comedia Divina），做東西方小說的異同比較研究。相同的是兩者都用小說手法批判世間的黑暗面，古晟的手法更大膽，被批判者很多仍在世或在位。但古晟的「迷情」或許在結構上，不如「神曲」，最後胡教授說，我們應打開「天眼」，撥開蕪蔓，見其精華。言下之意，這樣才能定位，我期待著。

狼跋小姐也提出她的高見，認爲結構鬆散，人名沒有創意都要改進。對於兩性關係的未來發展，婚姻制度從變質到解體所出現的現象，企圖加以合理化，她問「要說服誰？」。其實古晟沒有要說服誰！很多人可能不知道這是社會學家的研究結果，報紙上曾經報導過，只是我拿來用用而已。所以，這是「預測」（有科學、學術依據），不是「預言」（無科學、學術依據），大約公元二〇五〇年後的人類社會就是那樣子啦！

許其正先生認爲「迷情・奇謀・輪迴」，是一部章回小說，就形式上沒錯。又說是一部「奇書」也沒錯，因爲到現在作者、讀者都不知道它是甚麼東東！

雪飛先生把小說定位成「超後現代主義小說」，有關「現代主義」、「後現代主義」都曾是往昔學界文壇論述重點，現在加上「超」後，這大概表示一切都顛覆了，那是一個「大未來」吧！

易水寒先生有不少品評，他總結說「實驗性質」值得肯定，作品以特殊風格、題材，闡揚佛法、勸人向善、懲惡揚善，都有正面價值。

最後還有一個「玩」的動機很重要，我看那些台獨貪官污吏A錢無數，陳水扁及其幫眾搞走至少幾百億，他們可以玩天下、玩無知的人民，我爲何不能玩他們。於是，我把他們一個個抓來「玩」，任我玩；另外，我個人在中年後也愛「玩」，我不是玩吃喝嫖賭，我有自己的「玩法」，這些年我在文壇上確實玩的很High，如這部小說，「超後現代」的，好爽！

所以，請大家不要太嚴肅，小說嘛！好看好玩就好。我就不相信，寫西遊記、封神榜的作者多正經？有機會，我真誠邀請大家一起來玩！（古晟，二〇一〇年春節前草於台北萬盛草堂。）

第三篇　我和山西芮城劉焦智的春秋大業

——劉焦智專篇

2011.9.11

第十八章　在久旱不雨中得到了甘露的《鳳梅人》

劉焦智

紀念二〇〇九年臘月十九日收到臺灣大學主任教官陳福成《山西芮城劉焦智〈鳳梅人〉報研究》一書的手稿兩周年。以下是我當時回給陳福成先生的信（大標題是後來加的）

陳老師：

您好！

前天——二月三號下午三點多，我店薛小琴（名義上負責四版《海外花絮》欄目，實際上，不僅獨自一人經營一千平米的一個五金裝潢材料店而養活小報，而且，各版都由她一人打字排版、裝封郵寄海內外各地、一直負責到底的）去郵局郵寄五十六期《鳳梅人》，我獨自一個人在微型辦公室收到了您從東岸寄來、少說也有十幾斤重的一個「特快專遞」大包裹。

爲鄭重期見，我強自壓抑了心中的喜悅，取出剪子放置在郵件箱上，——待她回來後共同開拆和欣賞。

打開大致瀏覽後，當即去電叫來這些年來與我來往較多、住處距我較近的幾個文友：七十多歲的退休教師劉有光先生、六十五歲的退休幹部張亦農先生、書法家範世平先生以及電視臺新聞部王照威等，邀他們一起享受這個意外的驚喜。

大家粗看了您的六本大作和《研究》手稿，手稿中有您從藝術節宣傳報上掃描的永樂宮壁畫，即于次日把《永樂宮志》郵贈給您。

而電視臺新聞部王照威呢？則于次日背來錄像機，制出了節目，在六號、七號這兩天時間裏播放十二次、並製出光碟託我送您斧正之。

※　※　※　※

從您的《研究》手稿中我明白：您的法眼已經把我這個人看得相當入骨了，——我遇到知音了！激動萬分不止。但由於我已到了花甲之年、千百倍地苦於別人的生活經歷、經風霜雪雨較多的緣故，仍然能夠像往常一樣：把晚上 8:30 分的《海峽兩岸》電視節目看完、九點入睡、丑時——凌晨一點多醒來寫文和看書。而小我十九歲的小琴可就不同了：竟然一點睡意沒有，一直在細細欣賞您的佳作，——發現我醒來，立即讀給我聽，直到早上七點多商店需要開門營業時，才基本讀完。

爲什麼能是這個樣子呢？——七八年前，在我這個店裏，連妻子薛鳳梅、女兒女婿、汽車司機和男女員工在內，多達十六人，無疑是本縣首屈一指的大店。但由於我從事了這個出力出財卻討不到一點好處的報紙,致使老婆、兒女及員工們一個一個各自東西了！三年來，一千三百平米的一個大棚，還外加一張報紙的寫文、打字、改稿和排版、最後發到西安印刷廠，就是我們兩個人！！！每天早上開門後，我在廚房做飯，她一個人要把店裏打掃一次，把櫃檯、貨架擦洗一遍，——來了買主，又以極其誠懇的態度和顧客苦口婆心地談價，說好後又去電叫來三輪車，和司機一起抬板裝車……。爲了這個報，她不顧眾人的閒言碎語，四十歲了，還沒有自己的兒和女，卻相當真切地愛著我的幾個孫兒孫女：每逢禮拜天，五六歲、八九歲的幾個孫子輩來我這裏玩耍，她總要騎摩托車捎他們去街上買玩具買書，一花幾十元，——而她自己，卻完全穿著減價衣服和鞋襪；所使用的手機，用「扔了無人拾」這句話去表述，絕對沒有半點形容誇張的意味。

就是由於她來我店二十五年來，感於我與生俱來的、幾代相傳的真誠，信了我弘揚的這個「教」，才在外人想不通、她自己卻心情相當舒暢的情況下，跟著我從事著這個既苦又累的事業。（請參考這次寄去的三稿：《無題》、《十年寒窗父母心》和《天地可公量》）。

辦報紙的十年來，尤其是近三五年，原本在生意上遠遠不及我店的不少同行、以及在其他各行業發了財的同學和朋友，一個一個買起了豪華車，蓋起了豪宅，這些人中的有些人，見了我們，有意說一些不三不四的風涼話、借以諷刺挖苦我們這個曾經異常火爆、如今卻豪華不了的大店，——這種狀況，又給我提供了一個天賜的良機：爲了避免碰見這些得志猖狂的勢利小人而盡量少出門。這樣，自然又多了不少看書寫文、改稿查檔的時間。——在這種心情中沉悶了幾年的我與她，突然接到了你這個鼓舞人心的信，不就近似《範進中舉》的瘋人範進了嗎？

這樣，在她讀我聽、兩人多次擦眼淚的五、六個小時之後，才算度過了一個雖則沒有休息、卻是平生最最幸福的一夜。

※　※　※　※

尊崇孔孟儒學，並不是因爲我中了某一個或幾個偉人著作的「邪教」，而是有親身體會的。比方說，由於我們祖先幾千年來「獨尊儒術」、並由官方倡導、當官考試也以這個孔孟儒家文化爲考題，因而完全使之深入了人心：我小時候跟著父親趕集上會時，偶爾發現：一個小孩在擁擠中與父母走失、哭得淒慘時，立即就有幾個人走上前來問長問短，並且，不幫這孩子找到其父母就絕不去做自己的事；路上出現了一個醉漢或犯了羊癲瘋的男女，立即有幾個素不相識的鄉民上前去扶助……。——卻今日，在孔孟儒學被惡人批判、被拋棄之後的今日，大路上出現了這些，還有一個人去理他嗎——能破費幾個銅子的話費、打個報警電話就相當不錯了！

再比方說，一九八九年學潮中逃到法國和美國的方勵之、嚴家琪、蘇曉康、烏爾開西等人，盡管他們試圖廢棄黃河文化——即中國祖先的傳統文化——是大錯而特錯的，但這些人中的大多數，不都是爲了國家前途和人民福祉而操心、而奮鬥的嗎？如果他們自私自利、祇顧自己一人或一家，怎麼能得到這種命運呢？

作為國家領導人，在您所領導的範圍內，這十三億人，一個不剩的，都是您的子民。他們每個人，都是您的弟妹或兒女。——即使被你認為是犯了法的人，——比方達賴喇嘛和二十年前在學潮中出逃的那些人，都是你應該憐念和同情的對象，都應該慈悲為懷、念及孤身流落海外、有家不能歸、遠離祖國和親人的痛苦，出於父母對兒子的仁愛心，幫助他們走上重新做人的路。——因爲你是他們的父母官，你就應該這樣做。聽說達賴要去臺灣或美國，給馬英九或奧巴馬去個電話：「那是我們中國的一個公民，盡管他犯有分裂祖國的罪行，但畢竟他已經是八十多歲的老人了，身體不太好，又長途奔波勞累，還拜託你在生活上多多關照，我領您的情……。」——政權和軍隊在您的手上，他被奧巴馬、薩科奇接見十次八次，能翻起什麼大浪呢？犯得著與自己一個子民、一個兒女去一般見識嗎？如果我的兒女與我鬧了矛盾之後要去臺灣見您，我祇能去信去電求您在思想與生活方面幫助他，我怎麼能說「不準理他」——這種缺情寡義的話呢？？？

一九四九年大陸上的執政者，祇所以把一個農業國搞得無糧可吃、大量進口法國美國玉米麵粉，就是因為他們認識不到自己是「百分之百的中國人」的領導，是他們的父母官，而祇團結百分之九十五，打擊那百分之五的兒女，——即地主富農、右派分子等等。請問：哪一個兒女不是自己的骨血、不值得關懷和愛護呢？——不抓自然科學的進步，不抓生產力的提高，不斷地、無情無義地與自己的兒女鬥，——這樣的父母，能領導全家人建起喬家大院、王家大院嗎？

但沒有從孩童時期就在心靈深處積累的儒學功底，沒有出自內心的、仁者愛人的思想品位，對於上述這一切，是說什麼也接受不了的。

※ ※ ※ ※ ※

關於您在《研究》中的幾個地方所說的「俠」，有必要細陳心底：我市河津縣有個文友楊爭榮，曾參與原外交部長姬鵬飛母親埋葬一事中楹聯編寫的事。五六年前他第一次在運城市偶爾坐了我的皮卡車，發現我車上有一把匕首，結合他之前對我小報的閱讀，深有感慨地對我說：「你將來事業有成。」

我說：「乞丐一般，能成什麼事業？」

他說：「智信仁勇嚴五字，你都具備了，尤其是『勇』字。」

綜合分析了之後我才認識到：我國古代不少大文人，曾因「秀才見了兵，有理說不清」而吃虧；如今不少企業家竟然因職能部門幾個小鬼的不斷騷擾而哭笑不得；黑社會勢力更是把諸多事業有成的大款們整得死去活來……。——原因在這裏：不勞而獲的勢利小人、死狗爛臟之類，他們和「大俠」絕不能劃等號。大俠是以「義」爲前提、自然看不上銀錢的；而這些穿著制服或便服的小人們，他們之所以如此，首先是害怕勞動，——連每個人與生俱來的、不需要求人的這種本能都害怕，能不怕死嗎？因此，給他們一丁點兒的顏色，他們就縮了膽、就再也不敢上門逞凶、攔路搶劫了。——當我每次這樣做的時候，不是指派手下人、而是領導或老板自己直接幹，方可收到效果。

還有，您在《研究》中說：《鳳梅人》不是小報，而是有宏觀理想，抓住當代兩岸主流思潮的需要，這是一個「大報」，有更多志同道合者的支持，會成為「大大報」，為兩岸文化交流、為復興儒家思想，為宣揚中華文化，做更多更好的事。我中華民族可望在二十一世紀前期，盡早成為一個完全統一的國家，吾等至願。

這個問題我在幾年前這樣考慮過：文革中折損了學業的、我這個初中畢業生，到了把這個小報辦得走上了大道，是根本沒有能力繼續管理的。那時候常常這樣想：到了一定時候，由國家文化部門派人總管，我仍然多接觸百姓，不斷地從底層、從人民群眾中吸取營養，——周圍的和遠處的，國內的和國外的，——不斷地寫出文章供應上去就行了。

接到你的《研究》後我才悟出了天機：到了那個時候，是必須由你擔這個擔子的。——不是我謙虛，你的大量著作告訴我：古今中外的一切道理，全部都在您的掌握中；而我，連南北朝、五胡十六國都還是糊裏糊塗、根本弄不清的。——就在您來信前的這一半個月裏，我還在細讀《中國歷代帝陵》一書，試圖弄明白，但畢竟年齡大了！遲了！！！

強於您的地方祇有一點：我在學知識學本事的年齡段，在「偉人」的「親自發動和領導」下幹起了「革命」：戴過「紅衛兵」袖章，參加過造反隊，步行串聯到北京，寫過許多年的大字報……。——這樣地葬送了自己的青春和年華，不由我，由人家。

※　※　※　※　※

您在《研究》中不能理解的「娘娘」，是「後土娘娘」。大廟在我縣北方一百公里的萬榮縣，規模很大。從漢武帝到清末，幾乎每個帝王每年都要到那裏朝拜和上香。我村的娘娘廟，所敬的，就是這個廟裏的神。——與如今「總公司」、「分公司」的道理大概一樣吧。（我從《海鷗》三十八期中掃描一頁一併郵給您參考。）據說，咱們祖先祭土——祭後土娘娘，要比祭天早七百多年的。這是不是天爲乾、地爲坤的道理呢？

我在二十多年前的商店經歷中，很善於觀察每個人的面目特徵，——眼睛、耳朵、口鼻等，並且問及幾子幾女、家境如何？祖輩父輩從事哪一行？通過眾多的事例中找規律、因而把咱們祖先的相面學文化驗實得堅信無疑了。在小報四十一期一版的《探索臺灣八年政治腐敗的主要原因》一文中，通過對陳水扁之流奸詐面相的分析、最後得出的結論中，也流露出了一些這樣的觀點。

因此我和小琴這些年就是抱著這個想法：不論有人見還是無人見，於國於民有益的好事就是要一直做下去；也無論人前人後，對不起別人的事一點不能做。——因為自己的一言一行，天地睜著眼，看得一清二楚：報應是一定要來的。小琴常常說：宋美齡沒有一個兒女，但由於她對咱中國人的貢獻特別大，因而她的壽命跨了三個世紀，——活了一〇六歲！

蔣介石反對袁世凱稱帝、統一了中國、趕走了日寇，在那幾十年裏貢獻尤其大，與他打過仗的白崇禧、閻錫山，逮捕過他的張學良等人，完全是在臺灣盡年邁而終的。而有些人呢？不說其他人，建有豐功偉績的林彪、彭德懷、賀龍等，都死得淒滲。——而開國皇帝劉邦、朱元璋、李淵、李世民等等，哪一個不是子孫一群呢？

因此，在您的《研究》飛來五天前：元月二十九號，西安印刷廠來電要我匯款開印五十六期《鳳梅人》，鳳梅五金店的房東——北關大隊還催要二〇一〇年房租，欠五百元死活湊不齊，——距人家規定的最後期限：元月三十一號，祇剩兩天了！——春節臨近、百姓已開始購置年貨，死活迎不來一個交錢的買主！——但就在這個受煎熬之日的中午十二點之前，被銅臭困住了手腳的我，卻還在爲弟弟的西建公司操心：給太原市的同鄉好友李宗澤去電話：「吾弟智強在省城開人大代表會，煩您多多關照他。」又給大弟智強去電：「別看你目前在縣、市、省有不少政界的錢權派朋友，但到了難中，他們是一個也見不到的。而同鄉同學，可不是那回事了。因此，你每次到省城開會或辦事，都要抽空到他那家去一下，——無事時花一百二百，抵得住事中的三萬或五萬！」——而接聽我的電話、在省城工作的同鄉，還有那個正在開會的二弟智強，他們哪裏知道：此刻這一會，我還在為五百元而焦頭爛額、無計可施！我明白：祇去一個電話，乞求一聲，——祇一聲，讓弟弟派人送一萬，他不可能送九千！但那就給孔門丟臉了。弟弟幾個億的底子，坐著四五十萬元的車，住著洋樓，常常去上海、新加坡、馬來西亞、泰國過年，花十萬八萬如同兒戲一般，但我並沒有嫉妒他們，卻還在替他們操心、受熬煎。——因爲我明白：真正有險的，是他們而不是我。（請參考五十六期一、三版《給華岳女兒女婿的忠告》）。

那天我還這樣想：既然我們替天行道的言行受天地指派，而天地眼見我目前已經祇剩下了一個員工和一祇小狗，潛力已經挖盡，已經沒有退路，卻還是不給我一點拓展事業的空間，甚至不給我生路，就說明老天爺要召我回去了，那就祇能順從天意、——把這九十公斤的軀體主動還給他，到另一個世界任他老人家去安排，也達到了瞿秋白所說的「真快樂」。

但就在五天後，——己丑年臘月十九日申時，得到了您這個讓我得到重生的希望：知音來了！！！

己丑年臘月二十二日丑寅

於微型辦公室

第十九章 劉焦智和陳景陽

福成兄：

您好！

心心相照。

陳景陽先生前幾天的來信和我的回信，刊登在74期第四版。——但您要一個禮拜之後才可以看到，今晚順便發去讓您先睹爲快。

愚弟 焦智

焦智先生惠鑒：

承蒙賜閱《鳳梅人》報刊，讀之令我感動與感想者列下：

一、數十年階級鬥爭，人與人間友情誠信盡失，不知禮義廉恥仁義道德爲何物，獸性橫行於世，中國人民幾將互相殘殺而毀滅，先生竟能特立獨行，出錢出力，以商養文，自任編導，闡揚中華文化，挽救世道人心，看大勢、顧大局、識大體、明大義，爲天下蒼生千秋萬世著想，啓迪人心，使民族得救，使人類共存共榮，邁向世界大同，此亦孫中山先生之遺志，我甚敬佩。

二、報刊文字，完全以正體字印刷，此舉與闡揚中華文化密切關聯，余早年遍曆歐美、海外學者、華僑以及歐美漢字家，均願研讀漢文正體字，視爲正統。

三、孫中山先生遺教：爲中華民族及世界前途，明確指出爲人類共存共榮、世界大同之康莊大道。胡錦濤先生亦曾明確認爲中國共產黨是中山先生意志之忠誠繼承者。

四、目今海內外人士所垢病者，爲大陸貪污成風，批評共產主義雖走向國家資本主義，又演變成裙帶資本主義，甚至有走向獨產主義之趨勢，造成貧富差距懸殊；今日美國之所以失業者從佔據華爾街開始，擴散至全國，示威不斷，有三億人口的國家失業者已超過一千四百餘萬人，中產階級漸漸沒落，貧窮人口已達四千六百二十萬人；占美國人口百分之一的富豪擁有國家四分之一的財富，貧富懸殊如此，怎會不亂？貴報之長短篇論述，字裏行間，糾正歪風，揭發時弊，警告當政，殊爲可貴，對整治政風頗有貢獻。

五、察視國內當局力耕富國強兵，就國際情勢言，十分正確、極爲需要。——中華民族崛起壯大，爲全民所期待，我至表贊同。然國內情況「維穩」（維持社會穩定）故屬重要，但「維權」（維護人民權益）更不可忽視。「維權」是本，才能「維穩」結果。不違背人民的權益與願望，自然就「維穩」了。希望貴刊強化論述，以促使國家穩定發展。

六、蔣中正先生繼承中山先生遺志，北伐統一中國，基於先安內後攘外之國策，戡亂建國，並把握十年的時間，積極整軍經武蓄積國力，以持久戰略，抵抗日寇侵華，足告抗戰勝利，收復失土──東北暨台澎，更廢除不平等條約，擺脫次殖地之地位，盡雪國恥，功不可沒。他有名言：「一個人在世應對歷史負責」，北京歷史學者楊天石先生，抄錄部分蔣公日記，本著史學家求真求實之立場，就事論事，主張還原歷史真相，闡明年臺灣將爲蔣公六十年之日記刊佈，望貴刊參證多多著墨，以正視聽。

七、我在民國三十三年（一九四四）黃埔軍校畢業後，時抗日戰爭已近尾聲，與日軍交戰，雖戰役次數不多，但打的痛快。惟在國內拒奪政權之戰爭，大小戰役百餘次，目睹人海戰術，波波中彈倒下，時在戰場上，內心悲痛萬分，殊不知陣前死傷者，有多少是我的鄉親近鄰，造成多少孤兒寡婦，中國人何必爲了爭奪政權而打中國人，我至盼在中國這個和平的民族，再不可上演「槍桿子出政權」，孔孟以仁義治天下更具真義。

八、來台後時感國內戰爭，無論誰勝誰負，同胞相互殘殺，全是罪惡。至感自己忝與其中，雖僥倖活著，總感心中愧咎，時則至基督教堂聽道，藉以消遣鬱悶，教內亦不乏中外學者，忝予誦道，久聽之，知基督教有別於其他宗教，最顯著者爲一救贖的宗教，悔罪得到救贖爲唯一的教義，正合我心。即接受洗禮入教，經歷年祈禱中，心中踏實，得以平復，惟基督教是經外國傳入中國，其文字及言語符號，與中國民情風俗有若干差異，且有部分宣教者人格並不健全，以致在近代、尤其在五四運動前後，中國知識份子曾忝予反教行列，近年於我退休後賦閒在家，詳閱宗教歷史及舊約聖經，認爲基督教應是中國的宗教，在舊約裏風俗民情，幾與中國若合符節，乃因兩千年前交通不便，基督教在地中海沿岸各國傳佈，感染歐洲民俗及語言符號，宣教者全盤帶到中國來傳教，以致使中國人認爲是洋教。事實上，佛教也是洋教，他融合了中國文化。基督教也強調倫理、仁愛，與中國文化並行不悖，正因如此，我極力地宣導基督教中國化。

九、今年日本三月十一日大地震，美國罕見的暴風，世界上、人類思想上的種族、國家、宗族、階級、政體等歧視，以至天災與動亂不已，我鑒於人類已到毀滅的境界，也感受到這是上帝的警報，也是與焦智先生具有同感，認爲今後世界和平共存共榮，只有力行中華道統文化才可以救人救世，所以我藉此寫就一本小冊子，書名《神對末世的警告》隨函寄上一冊，並請您多加指教。

十、另外爲你特推薦一位學者，也是我的學長兼知交好友：周希文先生，江西南昌人，黃埔軍校第十七期，現年九十二歲，來台後，從事中國國民黨黨務工作，周先生國學造詣頗深，詩詞、歌賦，無一不精，尤擅書法，爲臺灣有名的書法家，偏重顏體，也深通中醫，常以針灸親自施醫，救人無數，且系義診。鄉里均懷德感恩，也精通易理，曾將易原理運用在針灸醫學，發表論文，於一九八一年第二次國際針灸學術大會，於南韓漢城舉行，時任總統之朴正照親自頒獎，也曾經與馬鶴淩先生（馬英九之父）共組「世界華人和平建設協會」，宣導中華文化，宣導中華一統與世界大同。

周先生自幼練武及氣功，單磚之牆一掌而透；日常以書法詩詞自娛，不時在大學擔任客座教授；病者登門，也來者不拒；惟對台獨分子及親日者——如登輝之流口誅筆伐，毫不留情。焦智先生如有意願，可視爲同道與之聯絡，想周先生必樂予響應，以弘揚中華文化，共濟世道。茲將周先生之近作附寄請忝

以上此言，乃隨興抒寫，恐年邁癡呆，致語無倫次，請諒之。

順祝　萬事順暢

臺北　陳景陽　民國一百年十月三十日

陳老師：

您好！

昨天申時，負責給我們金果市場送信的女郵遞員按我幾年前與她訂立的口頭協議：來電話讓我取回您老從海峽東岸寄來的掛號信——而常規是：今天早上才可以收到的。我與之訂此協議的作用，說小也不小：表面上看只早了一夜，實則是一天——因爲我總是把看書、寫文和改稿的時間放在了寅卯三時。不是麼?您看，此刻凌晨兩點半這會，我已開始給您老寫信了。——只是由於我不會繁體、如果用簡體寄出您老可能看不懂，因而只能待天明辰時讓助手薛小琴以鉛字列印、最遲在午時從郵局寄出。

由於助手一人在店裏忙碌於「掙錢養報」的業務，我獨自一人眼含熱淚、打坐在店裏十二平米微型辦公室的床上，認真拜讀了您老的親筆信之後，心情相當沉重：九十歲的您、九十二歲的周希文先生，還有嘉義那幾位八十歲左右的趙少平教授、袁純正教授、程東源教授、王曉波教授等等，在如此高齡的情況下，不是把心神放在自己的長壽上，放在子孫的前程和財富上，而仍然憂國憂民、念念不忘祖國的前途和統一，念念不忘十三億中國人民的福澤和平安，——這些，怎麼能使我這個六十歲晚輩的心情輕鬆下來呢！！！您們都在電話和來信中對我本人、對本報寄予如此的厚望，——但從事《鳳梅人》小報的，僅僅只有我和小琴兩人，都只有初中文化程度而已！——而且，我這個初中生，還是文化大革命中戴紅袖章、喊紅口號、寫大字報及摘棉花、開荒種地的底子！！！

任重啊！道遠！！！

從事小報這十年來，我多次把小報、甚至把書籍寄大陸的北京、上海等不少作家和教授，試圖覓尋到知識更淵博的志同道合者，一起參與挽救我們祖先的這個幾乎就要出現斷層的中華文化，——但是，不怕您老笑話：十年來在大陸上一個又一個的掛號和《特快》寄出之後的回音，不僅只有三五人而已！而且，很執著的、全身心的幫助者，一個也沒有！！！

在西方文化入侵，大陸上不少一把鬍子的教授和學者都迅速進入了「淘金」的隊伍，——而且在這個體制下，在有些地方，由於當權者僅憑一句話、就可以不受任何約束地給送禮者以極大的利益，也可以給反對者以五雷轟頂的災禍，——這種直接影響致使不少堂堂正正的孔門弟子拜伏在識字不多的腐敗官員的膝下！在我今天寄給您的《我做了一個拜見胡錦濤的夢》一文的第九節中您可以看到不服氣者和上訴者的悲慘下場了。就在不少角落「上訴不頂用」的情況下，官員的兒女們不需要德，不需要智，——甚至學業很不算話也能不費吹灰之力地當了官；有心機者、只會拍馬屁的奴才按「行情」

送幣也能當上官……

社會整體素質就在這些「爲人師表」的黨政官員的帶動下滑下來。

在民間普遍流行的，有這麼一副似聯非聯的話，可以說明有權人的用人標準：

說你行　你就行　不行也行

說你不行　就不行　行也不行

橫批：不服不行

——爲什麼會是這樣子呢？因爲：即使提拔了鬥字不識幾升的人當了官，即使所提拔的酒囊飯袋之類給國家和人民帶來了上萬上億的損失，也是區區小事。——只要烏紗帽經銷商一個人得到利益就行了！如果在南韓、日本或美歐等諸多民主國家裏，因腐敗、因工作失誤、因舉薦有誤而給國家和人民帶來了巨大損失，能是這個樣子嗎！！！——您在給我信件的第五節中，所著重強調的「民權」重於「維穩」之論，是相當高深的，因此，我把它放在本期的報角。在我今天寄給您的《我做了一個拜見胡錦濤的夢》一文中，有我對咱們民族和國家、對世界和平的一些看法；還有幾個拙文拙詩，是對東岸二〇一二年元月十四日選舉的感懷，請您老看後批評指正。

您介紹的周希文先生，毫無疑問，又是一位大師級的前輩，他的古詩好極了。——剛好這幾天排版印刷74期《鳳梅人》，我將在本期四版《聽七州回聲　觀四海漣漪》欄目選載他的大作、出版後寄到府上。煩您見到他後順致問候和我真誠的敬謝之意。

不寫了，寅時中——四點，是我給天地燒香磕頭的時辰。

此致　敬禮

學生　焦智

辛卯年十月十七日丑寅於微型辦公室

第二十章　劉焦智的春節厚禮：一封趙少平教授的信

福成兄：

　　您好！

　　值此春節將臨之際，特將我剛才發給趙少平教授的一封電信，發給您雅賞。權作春節薄禮奉上。

愚弟　焦智

趙老師：

　　您好！

　　昨天下午四點為止，你寄來的《百年中國——迷悟之間》紀錄片，我已經全部看完。認真到什麼程度呢？——即使走廁所、聽電話所耽誤的三兩分鐘，也要按「暫停」鍵，絕不耽擱一個畫面、一句話。

首先，我爲自己能有這樣的同鄉——張亞中教授——而感到自豪和驕傲：他走訪了祖國海內外那麼多的地方、聘請了兩岸那麼多的學者和教授參與其中，毫無疑問，也花費了大量的精力和財力，來做這麼一件史無前例的、震撼世界的、使每一個人一旦看完、就可以得到一次精神洗禮的事，——這個，除了「愛國、愛民的赤子之心」，非其他說法所能替代。

更令人敬佩的是：過去有些令我們咬緊牙齒、恨之入骨的人和事，他都能非常巧妙地闡述明白，以達到這個世界上、尤其是大陸上每一個人都能理解、都能接受的目的。——而這種面對歷史的客觀態度，毫無疑問，是站在了「從國家和民族長遠利益而考慮」的高度，因而才能摒棄一黨一人的個人恩怨，當然，也就一定能夠達到「促進兩岸統一、國富民強」的大目標。

也不知老鄉張亞中教授及「統合學會」的各位老師是否同意：我打算自己複製無限套光碟發給大陸上與我有文化交流的同志？——麻煩您與他見面後商量一下，如果不允，春節後我只在自己的微型辦公室播放，請一些朋友來收看就行了。

在張教授這種愛國愛民精神的感召之下，我於今天早上，給自己的兒女、侄兒侄女每人各打了一個電話，其內容是：從後天——正月初一開始，你們中間誰如果染金髮，則不准進我的門。道理很簡單：你們每個人所穿的衣服，可以隨時代、隨季節的變化而變化，而頭髮，它和身體的其他部位——大腦、手足、五臟六肺一樣，是身體的一部分，是父母、是祖先給的，不應該因西洋人有錢而把自己從祖先的根子上割掉，嫁接到人家那裡去。我們的祖先是炎帝黃帝、是伏羲女媧、是聖賢孔孟、是我們的爺奶和父母，他們沒有侵略別人而發財致富的獸性，他們有的是「己所不欲，勿施於人」、「己欲立而立人，己欲達而達人」的人性，有什麼不光彩的呢？——至於張亞中教授的紀錄片中所談到的、我們和西方的「現代化差距」問題，我們也僅僅只能像張亞中教授一班人那樣，首先承認自己是中國人的後代，是一個堂堂正正的中國人，並憑著愛祖先、愛國、愛民的這種真誠懇切之心、來逐漸消除這段差距，並超過他，而絕不可以像陳世美、黨金龍那樣去招親和移植。

去年贈您們嘉義分會的書畫作品中，有一副寫的是維也納畫家詩人王舒的詩句：向西方人學習是好事，何不教西方人也學習，不要只認定主義在西方，讓西方人知道中國有主義。不亢不卑，不人云亦云，獨步才是好主義。誠然，西方的確有值得我們學習的科學技術，但是，那個產自歐洲德國的「主義」，在歐洲的蘇聯、在歐洲的波蘭、在歐洲的保加利亞、在歐洲的捷克斯洛伐克、在歐洲的南斯拉夫、在歐洲的匈牙利都根本行不通，難道就適宜於亞洲中國、北朝鮮的「國情」了！！！——這種主義的發明人，哪一個腳踏過亞洲的中國？？？哪一個人知道中國的國情？？？——說白了，萬一台灣的民主選舉在大陸實行開來，他們這些黨政官員的兒女們，不好好學習，不加強道德修養，不親民愛民就當不上官了，就不能輩輩騎在人民頭上拉屎撒尿了，——這就是他們所說的：「西方主義適合中國國情」的內心所在！！！這就是他們對美國批評中國「人權狀況」而憎恨美國的原因之所在！！！

不論怎麼說，還是我們老鄉張亞中教授在《百年中國——迷悟之間》中所採取的方法比較科學和巧妙，能真正達到效果，不至於使任何人產生反感情緒。

最後，煩您老收到75期《鳳梅人》後寄給他一張，並請他來信來電批評指正。

辛卯年臘月二十七日午時於鳳梅微型辦公室

學生焦智敬上

第廿一章　蔡英文的「總統之路」在哪裡？

福成兄：

您好！

昨晚亥時給您發去的《蔡英文的「總統之路」在哪裡？》一拙文，於今晨寅卯又大改一次再發給您，——懇請百忙之中動斧正之。

愚弟焦智

壬辰年正月十六日巳時

蔡英文的「總統之路」在哪裡？

劉焦智

古往今來，任何一個真正有仁德的人，其言行一定是真善美的，當然也是理智的；

所謂理智，則一定是尊重歷史、尊重事實、事事爲公、而不夾雜個人私欲的；——只要「以實」，只要「惟公」，則絕對不可能有成功不了的道理。

（一）

早在兩千五百多年以前，至聖先師孔子就爲任何一個試圖走向成功的人指出了一條光明的路：「仁者無敵」。——以仁德之心、把國家前途、把人民安危禍福放在至高無上的位置上，把「真善美」三字貫穿於自己在人世間的每一言和每一行，有什麼達不到的目的呢？

（二）

比方說，不論什麼時候、也不論從哪一代的哪一位祖先開始，你們蔡家遷到了自古以來一直屬於中國的台灣，但你身上流著炎黃的血，你自己的的確確是一個地地道道的中國人，——這個，已經無法改變。因而，就不能說什麼「他們中國」如何、「我們台灣」如何，而只能說昨天「台灣」怎樣、今天「大陸」怎樣了。——制度和法律方面的任何差異，都無法改變兩千三百萬台灣人民「同屬中國人」這麼一個基本的事實。

縱然大陸的民主制度和政策法律方面有一千個不是、一萬個難忍，任何一個中國人也沒有半點理由去獨立！！！——如果這個「中國人」確實是理智的，那麼他（她）也一定是仁德的：「我認爲這些制度和法律不好——這個『不好』，既然已經被我認識到，那麼，我最應該做的，是要讓人民在『不受戰爭之苦』的前提下改變它，而絕不可能把億萬人民放下不管、自己一人或一伙『分房另居』去享樂。」

有「鐵娘子」之稱的英國前首相撒切爾夫人的學歷和才華，我想一定不會低。但在三十多年以前，她和大陸領導人鄧小平在「香港問題」的談判中，由於她不具備「仁德」，——忽視了香港本來就不是她的祖先留給她的，而是『炮艦外交』取得的戰利品，——因而也就失去了「理智」，在鄧小平面前栽了一個似大非小的跟頭，敗得一場糊塗。

所以，這個「真」，是一定要把握好的，萬不可走陳水扁那條「以假欺真」、「瞞天過海」的邪道。

（三）

再比方說：你自己眼下雖則「在野」，但既然已經痛下了「終生不結婚」、「爲國爲民」的決心，那麼，不論在職總統拿出來的每一項政策是對還是錯，都應該以「對人民、對國家有益還是有害」——這一點爲前提去應對。如果總統做對了，給人民帶來了福澤，就應該擁護，更應該號召民進黨黨員：全力以赴去支持，使這「福澤」加速或加大。原因只有一個：我是爲了國家和人民的利益；如果總統做錯了，首先應該明白：在職總統的尊嚴和權威——尤其在國際交往中——對國家和人民是多麼地重要，因而一點不聲張地、直接地去信或去電講給他，使總統的錯誤在「不漏半點聲色」和不傷自尊心的情況下克服。如果在總統執意不聽，一定要把一種「於國不利、於民有害」的錯誤堅持下去，——在此情況下，「爲了國」、「爲了民」，才有了動員全體黨員和人民、甚至通過新聞媒體「促」他一下的必要，使其走上正確的路。

如果忘記了「人民利益和國家利益」這個前提，把自己「一黨之私」放在了高於一切的位置上，發現了總統的一點錯誤而大肆宣揚，甚至把人家的優點也當作缺點予以批評和攻擊，甚至像謝長廷那樣：攻擊之尖刻，連人家故去的父親也安息不了，——這就不仁德了，因而，也一定不可能有理智的辦法產生出來，一定要以失敗而告終。即使像陳水扁那樣，在競選中僥倖取勝，也絕不可能幹得很出色，甚至遺臭萬年，——因爲他把人民利益和個人利益的位置打了個顛倒。台灣時事評論員汪用和女士有這麼一句名言：傷人一分，自傷三分。意思很清楚：試圖以惡言刺傷別人者，他自己所受到的傷害，比別人更大。反過來說：如果以仁德之心、善言護衛別人者，不也比別人收益更大嗎？？？不信，你可以派人來山西芮成打聽一下：我到人世六十二年來的人品，誠如河津文人楊志高先生所總結的那樣：磊落善人生。什麼意思呢？——不論哪一個人與我有什麼矛盾，我絕不可能把人家的優點說成了缺點；也不論哪一個人與我關係如何好，也絕不可能把他的缺點說成優點。要讓天地之間所有認識我的人都堅信一點：從這個嘴巴裡吐出來的話，絕不可能有半句不真。——至於目下有多少錢、官職多大？那才是極其扯淡、小而又小的小事。因此，不用做廣告，不用攻擊同行，就憑著眾人公認我「口不出假話」這一點，就以一個小小五金店的小生意，維繫著一張「海內外免費贈閱」的報紙。——在台灣，一任接一任的正副總統、行政院長，可能層出不窮，而得不到國家支持、僅憑兩個人和一位天使熊貓（小狗）的辛勤勞動去維持一張報紙者，能找到一家嗎？——靠的正是仁德之心帶來的理智、以及言行上的真善美！！！

——這個善，也是至關重要的。

（四）

前文說過、台灣與祖國大陸在制度和法律方面的差異，的確是不容忽視的事實。但是，咱們都是炎黃子孫，都是中國人，都是孫中山三民主義的信徒，都有同一個目的：爲了把咱們祖國建設成一個不僅不受別人欺侮、反而以強國的姿態幫扶弱小民族的世界強國。——正是由於有這個前提，才有了胡錦濤總書記的多次表態：「台灣只要不獨立，什麼都可以談。」

——爲了國富民強，民進黨的領導人，以連戰先生爲榜樣，組團到大陸訪問、與中共領導人坐下來共商國富民強的大計，是一件多麼難做的事呢？——即使得不到比較體面的邀請和接待，但是，爲了國家、爲了人民、爲了民族，像越王勾踐那樣忍辱負重，有什麼不可以呢？——與十三億中國人民的安危禍福相比，與祖國的前途、命運和統一大業相比，自己一人的一時之辱、一生之苦，又算得了什麼呢？？？

——爲了國富民強，與執政黨一起努力、共同行動，邀請胡錦濤總書記訪問台灣，在相互交流中，找出彼此在政策和制度方面的優點和缺點，相互學習，相互幫助，取長補短，有什麼不可以呢？

也就是說，同屬一個祖先，文化是統一的，在雙方領導人和兩岸人民的不斷交往中，發現大陸的制度和法律中有不合理的，大陸改；那些於人民、於國家有益的優點和長處呢？台灣改……——在無數次的糾錯扶正中，不就實實在在地統一了嗎？

遺憾的是：手無寸鐵的大陸同胞張銘清先生在自己國土上，竟然受到自己同胞暴力的欺負！——難道僅僅是幾個肇事者的個人錯誤嗎？如果民進黨中央對待祖國同胞的路線和政策一貫——仁德的、理智的，這種極端的假醜惡現象，又怎麼能夠發生呢？？？

這「美」，——心靈美與言行美，也是必不可少的。

（五）

四十二年前的五月十五日，——我結婚的第三日，千年不遇的、拳頭大的冰雹下了一尺多厚，剛成熟的小麥顆粒未收，百姓陷入了飢荒。本來就因父母年邁、我們弟兄姊妹多而窮不可言的我家，陷入極度的困苦：父母、我們小倆口、以及16歲、13歲、9歲的三個弟弟，連高粱玉米也不能吃飽。——在如此惡劣的環境下，我沒有被岳母和妻子的金錢享樂所誘惑（岳父是月薪很高的芮城縣糧食局副局長），寧願與父母、與弟弟們同生同死共患難，也不願分房另居、而與岳父母生活在一起。更有甚者：於同年十一月，賣掉了本應屬於我們倆口之家的櫃子和箱子，用賣得的錢買來了農具和糧食，全家人共度災荒。——雖則後來離了婚，給我留下了一個出生只有八天的小孩，但我從來不因自己的正確行動而後悔。而且，繼續堅持五倫：「兄惠弟恭」，——在成家立業之後的弟弟有困難時、受惡人欺負時仍然挺身而出、捨生忘死，絕不可能以「弟弟對我是否恭敬」爲前提。因爲：堅持做人、做正道人、做祖先道德文化的忠實傳承人，是孔孟、是歷代祖先、是父母的教誨，是子孫延綿、健康長壽的必須，怎麼能因爲別人不做人、自己也就不做了呢！！！

七年前的我，在陝西黃陵縣會見書法家寇雲龍時，他對我說：打算到北京開商店銷售自己的書法作品。我當時對他說：我永遠不可能離開生我養我的山西芮城，我要用畢生的精力、耗盡最後一點血，讓我的家鄉「因生我而榮」、「因養我而富」，如果生前未能如願，來世繼續。——不要忘記，我是一個草民，而站在國父像前競選「中華民國總統」的人，難道有理由背棄孫中山的三民主義、把全國人民拋棄、去搞台灣獨立，從而只顧自己一人或一伙去享受物資充足的尖端生活嗎？？？——況且，不深入交流探討，還不能證明台灣的各項制度和法律就完全正確、一點改進空間不存在。

（六）

國父　孫中山生前曾親筆寫道：道以實而立，事惟公乃成。要捫心自問：沒有孫大統開創的中華民國，沒有　蔣介石父子從大陸撤退到台灣之後對台灣的深耕，如今的台灣，能是目前這個樣子嗎？如果昧了良心，言行上顯現出了對三民主義、對孫大統、對兩蔣的不尊和不敬，甚至罵什麼「流亡政府」，甚至毀其銅像，——這些做法，是「惟私」呢？還是「惟公」？是真善美呢？還是假醜惡？——不論是天地，還是你們在台灣頂禮膜拜的關公和媽祖，他們在天之靈有知，也絕不會允許喪盡天良的某一人或某一黨去飛黃騰達、去富貴榮華、去福壽康寧，也就是說，「不實」不能立，「不公」呢？也別想成功！！！

所以說，只要時時處處把人民和國家的利益放在首位，懷仁德之心，言行上保持真善美，這樣兢兢業業地做下去，雖則「無心插柳」，——不想當總統，但一定會「柳成蔭」——被人民推上總統大位的。相反，時時處處總謀算著總統，言行上充滿著假醜惡，後果只能是：「有意栽花花不成」。

壬辰年正月十三日丑寅於鳳梅微型辦公室

第廿二章　奇人王梅生預言馬英九戰勝台獨邪惡

福成兄：

您好！

由於深深地顧慮著明天大選的成敗，因而剛才——十九點三刻特意在我的文化展廳、借助祖先文化的靈氣，給我市新絳縣神童王梅生去電：「明天台灣大選，代表公平正義的馬英九，能否戰勝被台獨邪惡所驅使的蔡英文？」他回答說：「能！」

下邊把我二〇〇七年三月二十三日所寫的一篇詳細介紹王梅生的文章發給您，看完後，您就能認識一個真正的王梅生，以後您來芮城，我引他面見您過細。

愚弟　焦智

奇人王梅生讓我想到了天道和天書

劉焦智

三十五年前在我縣擔任縣長的王光華老先生，是我、也是二弟智強、三弟智民、乃至我的全家最大的恩人。這一點，在我回憶父親的《風雨蒼桑》一書中，在我自費辦、免費發放的《鳳梅人》小報上也多次提到，可以說，在我縣，幾乎是婦孺皆知了。

但是，三個多月來他的孫子王梅生在運城電視台、在我的微型辦公室、在全國十多個網站引起的波動，又隱隱約約地告訴我：與王光華縣長三十五年的接觸、可以寫兩寸厚一本報告文學中的一切事，好像，只能理解為：《天道和天書》這個大型劇本的序幕，真正與世人有益的好戲還在後頭。

今年三十九歲的王梅生出生那年，他的爺爺在哪個縣？任什麼職？我還沒有弄得明白，只知道他天生就有大腦方面的病症，只知道他在東關連一二年級也沒有念到底，就因這個病而被小孩們欺逗得停了學，只知道他停學前就已經精通了日曆：給他報你的屬相、出生的陰曆日子，你最後一個字剛吐口，他便未加思索地把那天陽曆的年月日、星期幾、以及有什麼節氣，一口氣地說了出來，從來沒有錯過。

由於我與王家的特殊關係，在他的父親王穩才一九八六受聘於我、擔任剛成立的「鳳梅五金店」負責人期間，他還在我的木器加工廠打過工，——只不過，由於病的緣故，只能在其他木工的指派下幹些提磨刀水、打掃衛生方面的簡單活計，因而只管飯，沒有工資。——當時我的道德理念遠不如現在，不懂什麼叫「以人爲本」，因而，總是把實際貢獻與收入掛得很緊。

可能在那以後的不長時間裡，他就隨父母返回新絳縣泉掌村的老家去了，——距我縣將近兩百公里，見面的機會自然少了。

羊年臘月十六早上六點，於前一天晚上到達深圳的我，與老婆在某賓館接到二弟智強的電話：準備在臘月十四過生日的王縣長卻於生日前兩天逝世。我與二弟在電話線中議定：他與三弟智民馬上去新絳與遺體告別，給我們三個各封禮洋兩百元，代表劉家、三十年來在與王縣長的接觸中唱主角的我，盡可能趕臘月十八下葬時到達。安排妥當之後，我在臘月十六白天裡抓緊辦了原計劃三日的事，天黑拔寨啓程，十七日天明趕到長沙，天黑到鄭州，半夜到家，——這樣，十八日早上去新絳奔喪，也就趕上了。

猴年，王縣長逝世一周年，那時，我具備的道德準則還沒有把我派到王縣長的墳前。雞年臘月十四、以及狗年——即去年臘月十八，都驅車去了。

回來後許多個晚上的睡前和醒後，總覺得王梅生以及他們全家的經濟狀況，與他具備的學問很不相稱：如果他的知識能爲我們的國家和人民所用，他就成了「寶」，但目下，由於天生的病症所致，他和妻女還是兩位六十五歲父母的累贅。

給中央電視台發過幾次短信息被石沉了大海，給陝西、西安電視台去了幾次電話被婉言推辭，沒想到，運城台接到電話不幾日，便背上攝像機、帶上萬年曆去了新絳，回去後，於×日在第一時間播了出去。

後來聽人說，運城台去採訪的幾個人還問到四位數和五位數的加減，在旁的其他人用計算機還沒有撥完，王梅生就脫口說出了一點不錯的答案：運城台一個年輕人問他自己「什麼時間能訂婚？」梅生說：「今年正月十五前」——而採訪那天是二月初三四！——就是說，已經過去了。那年輕人當場告訴梅生的父母：的確是在前二十天訂的婚。

這些年來與我接觸較多的縣通訊組記者張學晉先生聽了我的口頭報導後，想採訪這個奇人，由於梅生沒有單獨出外的能力，我去電讓梅生的妹妹和妹夫把他請到我的微型辦公室，張記者和我、以及我店的幾個女工輪番詢問他們自己出生的陰曆和陽曆，沒有、也不可能說錯一個。我店的兩個女工還想預先知曉自己訂婚的日期，他分別說的是今年八月十五前和明年正月十五前，——這個，到底準確與否？目前還驗證不了。但是，有一點卻令人不解：他給運城台記者和我店女員工所說的日子，總是說「十五」，——這個又與廟裡敬神的黃道吉日相吻合。

在這幾個女孩出了我的微型室之後，我與張記者又分別問了許多，都令人折服。但最讓人難解的是：我問到自己辦大事與什麼屬相者合作較好，他一口氣所說的「猴、豬、牛」，竟然是我的二弟智強、三弟智民和兒子崇羽的屬相！——而這一點，又與孔老夫子《論語》上「所依靠的，不脫離自己的親族」的觀點竟然完全地一致！——而他，並不認識我的兩弟和兒子，更不具備讀《論語》的文化層次。

我們五六個人對梅生細問了大概半個小時後，我又把自己店裡剛才問過生日瑣事的那幾個女孩叫回來，梅生竟然還把給她們幾個剛才所說的一切，記得一點沒有差。

在今年四月五日清明節那一天，早上五點多我就起了床，打算履行自己的諾言：去河南省修武縣的秦岳老師祖墳去掃墓，但是，一想到去年九月在河北省石家莊被交警訛了一千八百元，我這個因辦報而窮得叮噹響的老壯，就一陣陣地打起了哆嗦。——可能是因為車舊才被人欺負，因此，我曾經起了讓二弟從他西建公司給我派車的念頭，但是，近幾年我用他的車，司機連過路費、加油錢也完全不讓我支付，甚至由於他們的嚴格和嚴厲，竟然機械到這個程度上：台灣幾個朋友在永樂宮參觀，我掏了一百元買「講解票」，沒等收款人找回錢來，那司機立即去收款室裡把那張百元面額的票子要回給了我，換上了他的！——他手上那張同樣面額與顏色的票子給我好像都不行。

越是如此，越沒法如此。——如果咱付了車在路上的一切開支，自然就大膽去電話讓他如此了。

正在爲難之際，突然靈機一動，給梅生去了電話（0359-7787297）：「台灣有個秦老師，家裡連個侄子也沒有，今天清明節祖墳沒人上，我想去一下，你看路上有沒有訛人的交警之類？」

「沒有」，他回答得很利索。

高速路上雖然沒有交警，但是，三門峽上高速前有一百公里、從河南下高速後又有三四十公里普通路，見的交警確實不少，但是，不是在其他大車旁糾纏，就是咱車到了，他卻扭臉望了別處，——反正，安全無恙地回到了家。

而且，不知是因爲「病」？還是其他什麼原因，當許多人問、他又回答得一點不差、面對許多人感到奇怪而產生尊而又敬的目光時，他沒有我們常人那種難以抑制和掩飾、一定要或多或少地流露出來的喜悅和感情，也就是說，人世間的七情六欲，他好像就沒有！即使在多人之際——當然包括漂亮女人在內——你說了一些不太禮貌、影響他自尊心的話，他仍然能夠表現得平而又常。——這些，原因在哪裡？

張學晉文章上了幾個大報的沒幾天裡，全國十幾個網站立即報導和宣傳了王梅生的奇跡，——如果說，幾個月或一半年後王梅生的作用發揮到了國家的天文學上、衛星發射的日期上、重點工程的動土上，可能，比專業易經大師和專業天文學家更準確。——那時，再回過頭來想想：他與劉焦智相識至少二十年，具備上述學問三十多年，爲什麼只有到了胡錦濤、溫家寶這一屆真正把爲民當作目的、並拿出含金量極大舉措的政府的執政之時，他就奇跡般地出現了，——這些，原因在哪裡？

王梅生的知識在芮城縣只劉焦智一個人知道麼？並不是；王梅生的知識在新絳縣就再沒有人知道了麼？也不是；知者之中就沒有一個在政府的宣傳機構工作的官員麼？不可能。——只是因爲在如今這個金錢成了主人、把人當作奴隸去擺布的星球上，能夠「換位思考」、替別人著想的人，實在是少的到了極點。——想到這裡，再回到三十五年以前：那時王梅生只有四歲，他的爺爺——王光華，作爲一個縣長，是一般正局級、副縣級官員想掛卻很難掛上的關係，而他，卻與一個和自己不沾親帶故、在木業社學木匠、女人離婚後成了有兒無妻的窮光棍劉焦智，竟然感情濃厚，難捨難分，——這些，原因在哪裡？

甚至，在一九七五年九月，我的工作調往水峪磷礦，因欠原工作單位——風陵渡運輸站一五〇元，由於馬上沒錢，人家不給轉糧食關係的手續，我派二弟智強去風陵渡焦蘆村找到了在該村住隊的王縣長，他給那單位領導寫了信，人家看後不給辦，二弟去焦蘆再次見他，很難為情地說：「你是否給他們另寫一個信？」

他取出稿紙往桌上一擺，對二弟說：「你說讓我怎麼寫，我就怎麼寫。」

與二弟商議了之後，就這樣寫道：「萬一焦智三兩年後還不了錢，你向我要錢。」

——就這樣寫了！事也辦了！幾年後錢也還了！——幾乎連我自己也百思不得其解的是：一個縣長，為了一個聲名狼藉、因不善趕風潮而愁窮潦倒，甚至被自己的至厚親朋歧視的人，這樣做，似乎用盡了解數，可以斷言：前無古人，後無來者！但是，對於一個因「拍馬屁之風盛行、把人格和尊嚴不當一回事情」的邪風已經到來，而仍然不想改去祖先的品德、在這個邪風中逆行的人，——劉焦智，不把解數用盡，能救得了他麼？——僅這一件事，就被父親生前時掛在嘴上常常說。

——王光華縣長當時之救人，出於他與生俱來的高尚道德和人類的憐憫心，而從天道和天意方面去解釋這個奇妙的緣分，似乎不應該只有這些。——為什麼：當我們偶爾到了一個從未去過的生地方，突然覺得：好像到這裡來過或者在夢裡見過？近來我與不少文友閒談時，他們也有過這種經歷；為什麼：一些因文化層次低、懶惰、下流和祖傳粗野而導致貧窮的賤人，卻由於鑽了不正常運動的空子而得到權力，逞了二三十年的凶、做了數不盡的惡之後，而今，不是斷子絕孫，就是後代悲慘？他們自己呢？不是老無所養，便是得怪病、受淒慘？——有一個人能例了外麼？！

由此可見，天道，實實在在地存在著；天書，好像也有，只是我們看不見罷了。如果讓常人看到，作惡者就躲避了應得的懲罰，——而惡人不受懲罰的社會一旦出現，又有幾個人願意去作善事呢？！

正是由於肉眼看不見，正是由於作孽和行善得到的報應，遠沒有昨晚送錢、今天升官這麼明顯，又由於一些人常常把科學沒有發展到那個階段上、馬上還無法用證據論證的東西一概誣蔑為「迷信」，才出現了如今常常見到的這樣：沒人見、不留名、沒人承情的好事堅決不做，沒有人見的場合不僅說別人壞話，而且，不斷地作壞事；不僅如此，還要當作聰明和才智而沾沾自喜，而耀武揚威，而自吹自擂。甚至，一幅哈巴狗、見食搖尾的眉眼，還要譏笑和諷刺品德高尚的行善人。其實，這就等於他們每時每刻都在作著自己害自己的事！——被害者所受的害，不僅很有限，而且催人奮進，增長見識；而害人者，無疑要或早或晚地面臨得癌症、遭車禍、死年輕人、女人生怪胎、後輩不如人的惡運等等。

究其原因，我自己認爲：得天地的恩德，降臨在這個世界上的每個人都要承擔著一份職責，——不論是坐轎的，還是抬轎的——都應該盡年邁而終地生存下去。而你，把百姓們用來維持生活、用來維護老娘、老婆和孩子生命的血汗錢侵吞到自己身上去無度地消費，人爲地去迫使同是炎黃子孫的另一些人受餓，讓他們眼巴巴地看著你任意吃喝而垂涎，甚至，因此而給天和地之間引發了一系列的不安定因素和犯罪，——天平，被你壓得失去了平衡，能安生得了麼？——因某一個官職顯赫者傷天害理的罪惡而連累無故、惡人和善人一時共遭池魚之殃的情況屢見不鮮。民間有個被人掛在嘴邊的說法：得了一個好運之後說，「托了×××的福了」；倒了霉之後說，「跟著張三某某倒了八輩霉了」。這就是說，在某一個大仁大德者手下工作或與之同行，可以避免災難，可以一帆風順，可以得好運；在欺民害民擾民者手下幹事或與之共事，可能要遭受一些並非自己的責任而引起的橫禍。——這個似乎不公平，因此，常聽人抱怨「天不長眼」。然而還聽人說，「天是平的」。無疑，下一步還要做一些達到公平的調整。在關漢卿的名劇《竇娥冤》中，因髒官、貪官、昏官辦冤案、屈殺好人而讓無故的人民承受了「楚州地面三年大旱」的災難，但是，當狗官和刁民張漁兒被處決、空氣得到淨化之後，天地，還要把楚州人民那三年不應該承受的損失加倍地補救回來。一句話：善惡必有報。

甚至，印度洋海嘯中死去的那二十多萬人，據說大部分是歐洲的避暑度假者，——來自西方文明國家，他們的錢，還是合法所得。但是，明知非洲人瘦的皮包骨，胳膊和腿幾乎上下一樣粗，卻捨不得支援，認爲「我掙的錢我花」就合理合法，但是，天道，首先說的是合情。不然，依法很應該繳的農業稅，卻又不僅不讓農民繳、反而還拿出錢去扶持農民，爲什麼呢？——什麼都不爲，只因爲農民的實際收入和由低收入而導致的生活狀況，與沿海、與大城市相比，差距實在是太大了一些。

政治流氓所說的「政治」，僅僅只是手段而已。其目的，還是抓經濟，抓肉眼能看見、口舌能嚐到、身上各個部位能夠感覺到的一切。——要抓住這些，就必須首先採取手段和措施，把人民對神、對自己祖宗、對天地敬畏的目光完全扭轉到他的臉上，就必須讓人民甘心當他的奴隸，從而把流血灑汗得來的勞動果實源源不斷地敬奉給他。——出於這個目的，就必須毀廟、砸神像，就必須愚弄人民，以達到這樣一個結果：除了巴結我，才能有收益；其他一切，都是迷信。

丁亥年三月二十三日全寅全卯

於鳳梅五金店微型辦公室

第廿三章　關於《研究》一書運用及「鳳梅人」報的推廣

陳主編：

您好！

有關您將於十月二十八日趨武漢與宜昌參加的那個「華文文學座談討論會」一事，我有如下想法和建議：

估計那時，咱們《鳳梅人》小報可出版到六十多期，有了繁體字的計有四十多期。屆時，我可以向與會者每人贈送一套。辦法是：你提前與武漢某同仁談好此事，並把他的姓名、電話、地址及參會人數共有多少諸事告訴我，我從火車站發去讓他接貨即可。（估計那時我們山西芮城獲金獎的蘋果就有早熟果，我還可以順便捎去幾十箱，讓與會者每人品嚐一些）。

如果屆時您的大作《研究》一書已經面世，是否也可以給與會者每人贈送一本、產生互動效應？——這樣，無論對咱們參與的這個文化的復興，還是對該書的熱銷，都是有益的，——我這樣想。

另外，我還有一個冒昧的想法：如果時間允許，您可否到我們山西一遊、光臨寒舍指導？如果秦老師、施老師、廖主編、金築社長以及魯松副社長、賴益成先生、范揚松博士、莊雲惠女士他們能與您一起來寒舍，那就更好了。——呂祖、關公的故鄉和家廟、後土祠、鶯鶯塔、鸛雀樓、大槐樹、蘇三監獄、堯廟、壺口瀑布都在我們晉南這一塊，也可順便看看，並且留影紀念。不知尊意如何？

另外還有一點，有必要言明：幾年前給您的信中，曾言明有些稿件「祇可你一人看而不可外傳、避免給我帶來麻煩」的話，但這幾天開始拜讀您的《中國近代黨派發展研究》一書，即有了這個想法：任何一篇文章，能夠在海外和國外發表出去，都是無所謂的。——即使影響到了自己的生存，也無關緊要：我一生以屈原、關雲長、岳飛、文天祥、鄧世昌、林則徐爲表率，——甚至曾經在幾十年前給自己唯一的一個兒子起名爲「崇羽」，——而今年四月初九就六十歲了，這連皮在內、九十公斤的軀體，原本就不屬於自己、「是炎黃、高祖等千百代先祖代代傳承而來」、「是父母以及億萬民眾汗水的凝聚」、「生，沒有帶來點滴；死，也不會帶走些微。」（《這語言，來自肺腑》）。——

在可見的家庭狀況中，母親不夠兩弟管，兒女皆已成家立業，沒有什麼放不下心的私事。——或許，沒有譚嗣同等七人在菜市口流去的鮮血，可能：辛亥革命還要推遲一些時間的。

致

禮

劉焦智先生 敬上

庚寅年正月初六於鳳梅微型辦公室

陳主編：

您好！

關於咱們利用武漢、宜昌會議之平臺擴大祖先道德文化弘揚一事，我有這麼一個不一定成熟的想法說出來讓您定奪：隨信寄去的這一套報紙，想讓您寄給會議主持人羅曉靜先生，並附一信說明：咱們贈與會人員每人一套及《研究》一本，讓羅先生審之。

另外，我還有一個想法：臺灣參會的各位老師來山西一事定下來之後，煩您來信將各位老師的姓名告訴我，我準備從景德鎮給每人定做一套茶具、文房四寶、餐碗贈送之。（二〇〇六年已經給秦老師贈送一套，這次再以施快年老師名字訂一套，煩您們帶回去轉交之）。——這是俱有文化品位、俱有收藏意義和永久紀念意義的禮品，這些年來與海內外朋友的交往中，我已經進行了三次。——盛況空前的這一次，是更應該如此的。

昨天我與張亦農先生電話上商議了一百本《研究》一書的饋贈儀式，他說六月底收到《研究》後可先贈一些知己朋友閱讀，其餘部分待十一月份您們來晉後由縣宣傳部和政府搞個贈書儀式，讓媒體宣傳一下，擴大影響，不知尊意如何？

前不久定居臺灣的芮城籍人士周光前，可能在給您的電話中也提到了這件事：由於您的《研究》手稿在我縣電視臺的報導，向來把我搞報紙理解爲「謀閒事」的二弟智強（《永樂宮志》後邊有他的廣告和個人照片），如今也情願支持這個報紙了；十幾年與我不往來、致使我那個出生十年的孫子沒有與我見過一面的、我唯一的一個兒子宏波（原來上學期間我曾讓他以「崇羽」名字用了十多年），今年春節也引媳婦及子女來微室給我拜了年。——托《研究》之福，我如今的一切境況都空前的好。

此致

敬禮

祝編安

劉焦智

庚寅年二月初十日丑時
於微型辦公室

陳主編：

您好！

來信收到。

《研究》一書可望不久問世的消息與您辦事之神速，又一次讓我感動和敬佩；您關於「後一個朝代總結前一個朝代歷史」的點化讓我從心底裏折服。

今天寄去的這兩個復印件，一個是國家文化部部長孫家正（如今是全國政協副主席）。三年前看到了我寄去的《鳳梅人》之後，把他自己的著作《文化如水》寄給我時的親筆簽字（隨後又簽名寄來兩本，我分別贈送給了秦老師和文老師）。該書從頭至尾，幾乎沒有提到一個「黨」字，——看得出他的確是一個比較清正的孔門弟子；另一個復印件是從孫部長的《文化如水》一書中掃描他的書法手迹，——我不懂書法，自認爲其文有深度而敬之。

如果您認爲這兩個復印件對於咱們傳承祖先文化、對於《研究》一書的銷售有益，可用在《研究》一書中；如果不宜，自行處理即可。

關於您參加的武漢會議、咱們如何利用此平臺弘揚祖先文化、以及我請諸位老師來山西等事宜，我另有一信寄給您。（可能您在一個禮拜後可以收到）。

此致

敬禮

祝編安

劉焦智

庚寅年二月初十日丑時

於微型辦公室

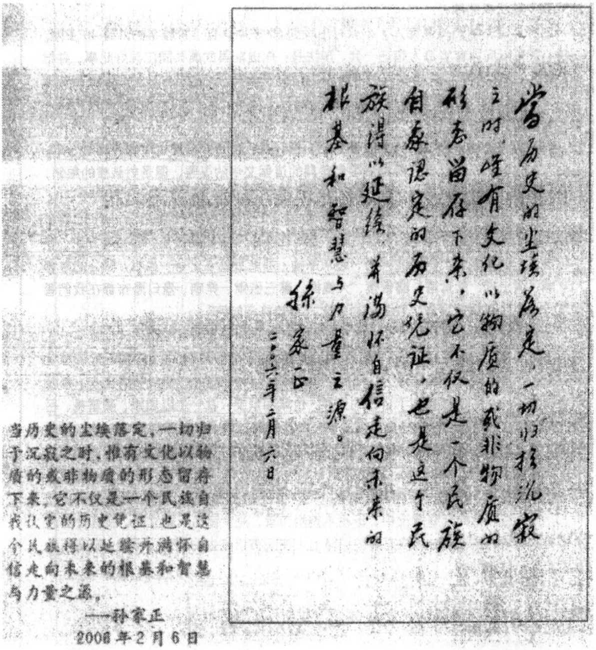
当历史的尘埃落定，一切归于沉寂之时，唯有文化以物质的或非物质的形态留存下来，它不仅是一个民族自我认定的历史凭证，也是这个民族得以延续并满怀自信走向未来的根基和智慧与力量之源。

孙家正

二〇〇六年二月六日

当历史的尘埃落定，一切归于沉寂之时，惟有文化以物质的或非物质的形态留存下来，它不仅是一个民族自我认定的历史凭证，也是这个民族得以延续并满怀自信走向未来的根基和智慧与力量之源。

——孙家正

2006年2月6日

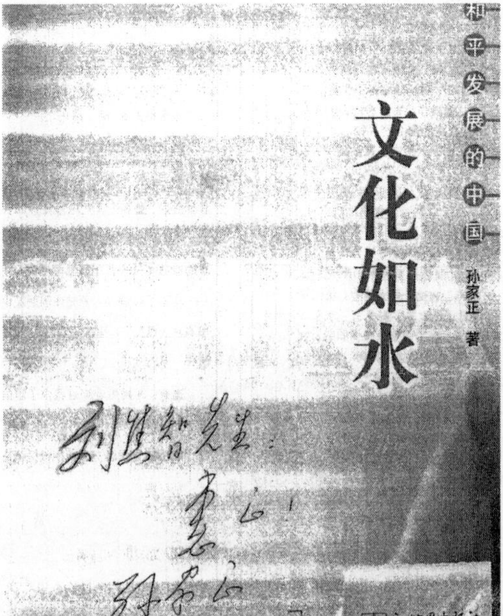

陳主編：

您好！

今天寄去五十九期，請正之。

再說一事：您在武漢參會期間，我除了送去幾十箱蘋果讓所有與會者品嚐（從貨運處發去）以外，還要從景德鎮「玉鳳瓷器廠」給您和林靜助、臺客三人定做幾件器皿，我去武漢看望您們時隨車帶到武漢。問題是：不知還有哪些人也需要看望？也需要贈送與您們三位一樣的器皿？——我不懂臺灣風俗，請您來信或給電子郵箱發信告訴我——花不了幾個錢，多交幾個朋友也是我樂意做的事，您倡導的「弘揚春秋大義」，不是三個五個人能夠完成的大業，多一些人不是更好嗎？

還有：謝輝煌老師給我來了短信，我準備寄報給他，祇因沒有詳細地址，煩您贈給他一張。（他讀許將軍詩書後寫的《放下吳鈎　重拾詩筆》一文絕好，下期準備分兩次轉載之）。

別無事。

致

禮

劉焦智　敬上

庚寅年三月二十九日子時於鳳梅微型辦公室

陳總：

您好！

今天先以《快件》寄去十五張、隨後再以平信寄去三十張《鳳梅人》六十六期，並隨信寄去這些照片，供您出書排版時有選擇地使用：

而下邊順便寄給您的楹聯詩句，是趙志杰先生（在去年十月三十一日咱們舉辦的交流會議上，他曾經與你們三位相識，並贈嵌名書法作品）爲二弟智強長子忠森於春節後結婚撰寫的作品，供我縣境內不少書法家選用，因爲他在這方面有特長。——把這些楹聯作品寄給您的目的是：有關芮城縣、有關二弟智強、有關《鳳梅人》的楹聯各有幾幅，您在書上也可適當選用幾個：一則，於書增輝；二則，對趙先生也是個榮譽。——至於是否可行？由您定奪之。

另外，《研究》在大陸上用簡化字印刷幾百本、以利於弘揚中華文化這件事，我打算將來與您的《芮城行》一起、在我這裏變換簡體之後，再由縣政府開支、印刷和贈送，（我祇給自己手裏留一小部分贈各地文友即可。）

而所附的這個信，是我從你給我的三本《通訊錄》中選用了一些人，給他們每人各寄新近出版的《鳳梅人》十二期，裝進一個大信封、再附帶這個信件作爲「開場白」。新加的這些人是：吳敦義、劉兆玄、永雲法師、李政乃、汪桃源、吳元俊、林明理、彭正雄、楊華康、楊顯榮、鐘順文、藤田淑子、羅志強、林芙蓉、孫健吾、森・哈達、林爽、林國平、芊華、蘇清強、許世旭、楊曉麗、曾時新、傅天虹、王學忠、向天淵、王珂、葛乃福、郭虹、郭小聰、何培貴、赫學穎、胡照明、黃曙光。另外，還有一事相求：由於大陸六十多年來長久的窮況和道德文化的闕失，日久天長，致使絕大多數的教授學者竟然把錢看得大過了一切！（絕大多數！一點沒有誇張。）給其郵報三五次也不肯回信……。——但也不能一概而論，如果您熟悉的朋友中有道德清高者，請給我以明示，我即給他們郵寄《鳳報》及將來出版後的簡體《研究》、《芮城行》等書。

春節快到了，天使熊貓率我和小琴向您、並通過您，向您的賢內助——未曾謀面的大嫂、向吳信義和吳元俊先生拜個早年，期盼明年9月份與您們、與諸多港澳臺及南洋、甚至國外一切有志於傳承中華文化的志同道合者會師於芮城，——如饑似渴！

致

禮

二〇一〇年庚寅年臘月初三日

愚弟　焦智

×××先生：

您好！

遵陳福成先生的囑咐，給您寄去我店以贈閱形式編排出版的《鳳梅人》報紙十二期，敬請賜教。目的祇有一個：打造全球第一誠懇人品牌，志在報效生養我的祖國和人民，志在促使孔孟儒學占領七十億人的頭腦，進而鏟除物欲橫流，在這個星球上見不到戰爭、恐怖和貧困，——哪怕耗盡最後一口氣和最後一滴血。

賜教處：山西省芮城縣北關金果建材市場鳳梅五金店。郵政編碼：044600　收信人：劉焦智（電話：0359-3080255　13834706886）

此致

敬禮

劉焦智

庚寅年臘月初六日於鳳梅微型辦公室

附：陳福成先生簡介（略）

第廿四章　中華大廈得以昂首挺胸的一塊柱石

——從福成兄在我腦子裡留下的點點滴滴小事說起

劉焦智

引言

參觀古代建築或者現代建築的古人或今人，毫無疑問：總是欣賞著肉眼能見的、富麗堂皇的、甚至高聳入雲的那一切，很少有人注意到它賴以挺立的柱石，自然也很少有人研究「沒有柱石、大廈就絕對不能站穩」的道理。

因此，柱石在天地間存在的作用僅僅只是爲了支撐大廈、使其穩固和萬年不倒，絲毫沒有顯示自己、博得眾人喋喋稱讚的不良動機在心裏。

動機既然是這樣，那麼，它肯定要用畢生的精力、不遺餘力地尋覓到可以使大廈更加牢固、更加經長耐久的同類——更多、更強硬有力的志同道合者，與自己、與弟兄們一起，爲大廈的傲立而共同承載，自然絕對不會因爲哪一塊柱石比自己堅硬而嫉妒、而滋生陷害和致人於死的邪門。中國大陸臭名昭著的「文革」，正是一些邪惡之徒爲了「一己之私」而不惜毀棄真正可以給中國人帶來福澤的「大廈柱石」——即「史無前例」的一場惡作劇，因而鄧小平將其定之爲「浩劫」。

臺灣嘉義大學趙少平教授說：一時的勝利靠軍事，一代的富強靠經濟，永續的存在則靠文化。——既然是這樣，那麼，本文標題所說的「中華大廈得以昂首挺胸」的那「一塊柱石」，毫無疑問，既非軍事，也非經濟，而應該是中華民族得以「永續存在」的、中華文化的忠實傳承者和弘揚者。

本文所介紹的主人公——臺灣文化屆名人陳福成先生，正是用自己畢生的精力，兢兢業業地、誠誠懇懇地爲中華文化的傳承和弘揚而堅持不懈地、而默默無聞地、而不計名利的奮鬥者。

我們兩個是在中華第六岳——秦嶽山上相識的

福成兄並不是我結交的第一個臺灣朋友，確切地說：他是我相識了生活在台中的秦貴修老師和臺北的文曉村老師之後的第三個。——由於秦老師筆名秦岳，又由於這秦老師的文詩、尤其是「孝子詩」在我心裏引起的震撼，的確是我生世以來所遇之「最最」，因而在我的心目中，總把秦老師排到了與五嶽同等高大的地位上，——至少應該是五嶽之後的第六嶽；又由於那五六十年裏他生活在臺灣，因而稱其爲「台嶽」。

台嶽把我的《鳳梅人》小報分贈給了臺北《葡萄園》詩刊名譽社長文曉村先生，引起文老師與我多次通信和《鳳梅人》小報的寄贈。福成兄正是從文老師那裏看到了我的小報之後，才發現了我這個雖則學識淺薄、但卻比較執著、四五千里之外的窮知音人。

不少人用磁鐵石或陰陽電碰撞後能生出火花來形容文化領域的知音，我覺得不夠：因爲道德文化的作用不僅大得多，而且可以跨越時間和空間。比方說，我崇拜岳飛、文天祥、林則徐、鄧世昌、孫中山、林覺民、蔣介石父子、鄧小平、周恩來等等，——他們這些人如果現在還活著，則一定要舉雙手贊成我每天的作爲，但他們早已作古，雖「知音」卻不能接觸；再比方說，我所生活的山西芮城距陳福成先生生活的臺北，要有兩千公里之遙，只是得力於祖先文化的力量，才有可能在「誰也沒有見過誰」的情況下知了音，——而與人體重量相等的磁鐵石，絕不可能把吸引力伸長到幾千里之外的地方。

在祖國統一大業中、在反台獨、反貪倒扁的戰場上熱戀

二〇〇七年收到福成兄從臺灣寄來的兩期《華夏春秋》，得知他不僅是《華夏春秋》的創始人和主編，而且是產量極高的作家。因此在此期間，我不論給他寫信還是打電話，都尊稱「陳主編」。真正轉稱「福成兄」，是他來到了山西芮城、與我促膝長談、真正感覺到了兄弟情義之後的事。

與我相識的任何一個人都明白我的個性特徵：絕對不會輕易相信任何一個人不知底細的人、並以「哥們」相稱。——我認爲：還不知道是否「志同道合」而「哥們」起來，實屬下流社會的一種惡習。

那時臺灣民進黨搞「台獨」氣焰甚囂塵上，兩岸關係出現了緊張，因此，我把他主編的《華夏春秋》五期八頁中《籲請陳水扁總統自愛引退公開信》轉載在《鳳梅人》三十六期第一版，又在同期的四版刊載了他的《個人簡介》和親筆信：

劉先生你好：

很早秦嶽就給我你的《鳳梅人》報，佩服你獨資能支持下來。我也獨資辦《華夏春

秋》雜誌，只發行到第六期（大陸每期都寄五百本），現已停刊。

我也是臺灣《葡萄園》、《秋水》詩刊同仁，《海鷗》詩刊（秦岳社長）榮譽贊助人。我從《葡刊》報導，得知你樂於文化交流，故把《華夏春秋》五、六期寄給先生，另寄我的近著《性情世界》請雅賞。

本想再附照片一張，惟第五期背底那張登南湖大山照的已很清楚，就不再多寄，附小詩《誰是永恆？》多指教。

耑此順頌

大安如意

陳福成敬上

二〇〇七、八、二十一

另外，三十六期四版還刊用了他的另一首詩：《誰是永恆？》——僅僅幾十個字的看與讀，思與想，就使一個「岳飛的傳人」、「文天祥的弟子」、「鄧世昌和林則徐的同僚」，「孫中山和兩蔣的學生」，——方方正正的一位剛強鐵漢，來到了我面前。不信嗎？我把這首詩拿出來，相信你在品賞之後，也一定會生發出與我一樣的感慨來：

在春秋大義面前
夏商周秦漢三國晉南北朝隋唐五代宋元明清
全都垮了
唯一永恆不垮的
就是母親
啊！中國
你才是永恆不倒的神祇

緊接著，我又在下期——三十七期最顯眼的、在文革中大陸黨報上，從來都是刊登《最高指示》和巴結江青的那個位置上，刊用了他字裏行間充斥著鐵骨正氣的《寒梅》一詩。——只所以如此，還有一個潛伏在我心靈深處、輕易不肯告訴別人的「因爲」：我覺得這首詩仿佛是專門針對《鳳梅人》一班人的作爲而拍攝的照片，——儘管他吐這根「絲」（詩）的時候，根本就不知道世界上有我這麼一個人：

一身傲骨，八風吹不動

就算冰天雪地，環境惡劣
你依舊挺立昂然
告知天下：堅貞純潔
一連幾個日夜，寒風刺骨
眾生跑得跑，躲得躲
衰得衰，謝得謝
你語帶風霜，字挾凜冽
說：我是中國
一連百餘年，在大風大浪中
你被撕得四分五裂
險些滅頂
風雨過後，新芽快速長大
你永恆不滅
鐵硬的身子裏流著炎黃的血

或許，看了我對陳福成其人和其作品所下的結論，你的頭，要像撥浪鼓似的左右搖擺。但我相信：如果你血管裏的確是流著炎黃的血，如果你真的還沒有喪失作爲一個中國人所應有的人格、品位與天良，當你在茶前飯後或睡前醒後，當你擺脫了名利欲望的糾纏、坐下來靜靜地讀上陳福成先生的幾本書或幾本詩作之後，你的頭，就由「左右搖擺」變爲「上下點動」了。

他救了《鳳梅人》小報的同時，也救了我九十公斤肉體的生命

看了這個小標題之後，也許你腦子要湧上「聳人聽聞」這個詞：「非戰爭年代，不缺吃穿，哪來的救命之說？」但是，當你前後貫通地對我生活的那一段經歷有了簡單的瞭解之後，你就會相信：我的說，還真是一點不過份。芮城縣幾乎任何一個人都明白：我是一個有弟兄、有妻子、有兒女、有裏孫外孫的人，而且，在十年前的那許多年的時間裏，由於我狠抓了經濟效益、抓了廣告宣傳，最早開辦的「木器加工廠」所享有的盛名，在當時的芮城縣，深入到了上至縣長書記、下至平民百姓的千萬顆人心；之後，我的「鳳梅五金店」在上世紀末、本世紀初的全盛時期，無疑是全縣首屈一指的、路人皆知的、有四輛汽車和十六個員工的、非常榮耀光彩的大店。

但由於最近十年來，我把精力集中到「弘揚中華道德」、「挽救傳統文化」、致力於祖國統一大業和世界和平的《鳳梅人》小報上，——僅僅三年不到，——二〇〇四年四月十一日，我身旁就剩下妻妹——薛小琴一人了！而且，我比任何人都明白：她跟著我辦報來宣傳孔孟文化這件事，在任何一個或大或小的、或遠或近的、不知底細的人看來，都絕對不會把半句好話說給我，都要有一席蔑視、甚至謾罵我們的話在喉嚨門等著、準備伺機吐給我。——這些成渠成河的唾沫星子的力量儘管特別大，但對於在血淚、甚至在血泊裏長大成人的我來說，都有足夠的力量來支撐，硬是挺著父母給我的這架脊樑骨、把《鳳梅人》小報支撐到了如今的七十五期！硬是用每年三六〇個夜晚的三六〇個丑時和寅時，把一張輕飄飄的《鳳梅人》小報，變成了海內外不少教授名家心頭一份較有味道的文化餐。那年頭，我在自己的拙詩《無題》中這樣寫道：

寬容，
雖則害人，卻得到：
兒女、員工、徒弟的滿意。
然而，

先祖遺傳：是嚴厲，
吃虧不少，卻怎麼也改不去。
回首，
三十年前，對徒弟嚴教，
有痛苦、辛酸的回憶。
難忘啊，
二十年前，對兒子嚴教，
卻遭來唾液的誹議。
淚珠裏，
三四年前，對女兒嚴管，
反遭到，小鬼的諷譏。
卻今日，
生意壯大，更需要嚴格，
後果呢？空前的孤立。
五十四歲生日，

子孫滿堂，外甥一群，
卻只有：個別員工記得起。
細反思，
錯在何處？罪在哪裡？
鋤草偶傷麥苗，閒坐永遠有理。
……

那年頭，我還在自己的拙文《十年寒窗父母心》中這樣寫道：

就在我鋪開稿紙、右手持筆、把這顆平原野馬似的心趕到了朱陽——陌南那個不知有多少溝溝坡坡、二十裏羊腸小徑上的這個時刻，明明白白地知道「慧豐樓」上那高坐的親朋們正在為我八十三歲高壽的母親舉杯慶賀。然我不願意把這串串淚水帶到席間給親朋帶來不快和不解。——這一點，今天天不亮時我已趕到母親住處給她與大弟智強講的明明白白。

眾人認為我們弟兄已經獲得了如此巨大的成功，鳳梅商店在芮城裝璜市場上已經佔據了如此大的份額之後，說什麼也該給兒女各自搞個別墅以示父恩，說什麼也該給自己擇個福地、以安度這五十四歲以後的晚年。

——如果我做到了這些，我也許不會陷入目前這個空前孤立的境況之中：以至於二十天前的五十四歲生日裏，竟連一個親生兒女也不曾見到，——似乎在這世界上除了我這個病體以外，再沒有半點尙存的骨血！他們把我這沒完沒了的回憶，沒完沒了的道德文章和一期接一期《鳳梅人》小報，視之爲多餘，視之爲花閒錢，視之爲操閒心，甚至還有人斥之爲「不本份」。

但是，就在舊曆兩千零九年臘月十九日申請，當小琴去郵局給海內外一百多位讀者郵寄五十六期《鳳梅人》，我獨自一人在微型辦公室收到了陳先生的「救命包裹。」——從那一會開始，幾天來一直在尋找「如何死法」中煞費苦心的我，才算從這個星球上看到了自己生存的空間和希望。

言之過分了嗎？一點不：

就在五天前——臘月十四日，我這個五十八歲、也不知道應該算作「壯年」、還是應該算作「老年」的病體，卻在租用別人的、十二平米的微型辦公室爲五百元而急得焦頭爛額、無計可施：西安印刷廠來電要我匯款，開印五十六期《鳳梅人》小報；鳳梅五金店的房東——北關大隊還催要二〇一〇年的房租；——這兩宗錢，東借西湊了許多天，還欠五百元死活湊不齊，距人家規定的最後期限：元月三十一號，只剩兩天了！而春節臨近、百姓已開始購置年貨，死活迎不來一個交錢買貨的買主！——但就在這個受煎熬之日的中午十二點之前，被「銅臭」困住了手腳的我，卻還在爲弟弟的西建公司操心：給太原市工作的同鄉好友李宗澤去電話：「大弟智強在省城開人大代表會，煩您多多關照他。」又給大弟智強去電：「別看你目前在縣、市、省有不少政界的錢權派朋友，但到了難中，他們是一個也見不到的。而同鄉同學，可不是那回事了。因此，你每次到省城開會或辦事，都要抽空到他家去一下，——無事時花一百二百，抵得住事中的三萬或五萬！」而接聽我的電話、在省城工作的同鄉，還有那個戴者「人民代表」布條、正在太原開會的大弟智強，他們哪裡知道：此刻這一會，我還在因爲五百元而差一點尋死！——我明白：只去一個電話，乞求一聲，——只一聲，讓弟弟派人送一萬，他也不可能送九千！但那就給孔門丟臉了。弟弟幾個億的底子，坐著四五十萬元的車，住著洋樓，常常去上海、新加坡、馬來西亞、泰國過年，花十萬八萬如同兒戲一般，但我並沒有嫉妒他們，卻還在替他們操心、受熬煎。因爲我明白：真正有險的，是他們而不是我。任何一個頭腦清醒的讀者，你說：在這個時刻，我劉焦智如果不死，生路又在哪裡？——包括妻子、女兒、女婿在內的十六個員工都各自東西了，只剩下了一個被眾人冷嘲熱諷的薛小琴，我的退路在哪裡？活路在哪裡？

怨政府嗎？——「搞你的店，掙你的錢，辦報是你自尋的，活該！」

怨弟兄們嗎？——在官方拋棄了祖先文化、批判了孔孟、宣導「只講經濟效益」的西方禽獸文化之後，社會上有人甚至說「賣淫不丟人」、「而沒錢最丟人」，——他們哪裡知道「五倫」是什麼？

怨子女嗎？——他們沒有學過一天「父慈子孝」的中華道德文化，僅僅只知道：在當今社會上，人們除了畏懼「只講強權」、「不講公理」的有權人之外，最受人尊敬和愛戴的，就是錢了！

不論官方宣導的「經濟效益」，還是民間土話所說的「錢大於一切」，——同意不同詞：都是把人倫道德排除在外的！因此，讓妻子兒女、讓弟兄姊妹去承擔本來就不應該由他們自己承擔的責任，公道嗎？能讓人心服口服嗎？——鑽到這個牛角尖裏，能解決根本問題、能實現祖國強大、人民幸福、世界和平的目標嗎？

問題是：正是由於父親言傳身教的道德理念起作用，就使我把親情放在個人生命之上的位置上：在那些準備以死謝天下、準備到另一個世界繼續與亂臣賊子廝殺的日子裏，卻還有興致關照作爲大款、作爲省人大代表的弟弟。——你說，除了儒家文化以外，哪一種文化有這個效果？

關鍵問題是：就在我幾乎摸到了閻王鼻子的那幾日，郵遞員送來了陳福成先生《山西芮城劉焦智〈鳳梅人〉研究》一書的手稿。我請電視臺王照威把此事在我縣《新聞》欄目播出不到半個月，我的兄弟關係、兒女關係改變了千萬倍！這些親人們從陳福成手稿中看到：原來劉焦智並不是「吃了蘿蔔操淡心」，——不然為什麼：「臺灣那麼一個響噹噹的文化人，要寫專著研究他呢？」

名符其實的文化人，表像上的莊稼漢

正是由於我自己這個肉體生命和《鳳梅人》小報是陳先生二〇〇九年臘月十九日從死亡線上所救回，因而，素來以「恩仇必報」而享有盛名的我，自然就如饑似渴地盼望著與陳主編見面的那一天；又由於我的小狗——天使熊貓百分之百地、忠誠無私地陪伴我度過了一個又一個苦日和酸月，因而我下定了決心、終生不和他分離一分鐘。而雖則飛行在天上、但卻不明天意、不講天理、甚至不辨天道的「飛機先生」厭惡寵物，——但我絕不可能背棄天良——把他放在家裏而只顧自己一人去開心、去旅遊。所以說，我終生不可能去臺灣，只能把自己與陳主編見面的希望寄託在他回大陸的訪問上。

後來接觸之後才知道：東岸的陳主編希望與我相會心情之迫切，較之我想見他的心情，有過之而無不及。不是麼？你看他：已經接受了武漢中南財經大學於二〇一〇年十月二十八日—三十一日「第十六屆世界華文文學國際學術研討會」的《邀請函》，並且已經把他在該會的發言稿傳給了人家，而正是這種想來山西芮城之心情迫切的作用，竟然使他放棄了去武漢的行程，拉上至交吳信義和吳元俊兩位先生，毅然果然地來到了我們這個雖則具文化古老、卻在地圖上很難找見的小縣城！

按他電話上說給我的時間和地點，我在大弟智強的大力幫助下、共去了六七個人，乘著市行署價值百萬的高級中巴車，——又由於害怕發生堵車之事，因而提前五六個小時到西安機場等候著。

為了解決見面不相識、擦肩而過的問題，大弟智強的西建公司還刻意準備了一塊「歡迎臺灣陳福成先生一行」的彩色牌，——但是，竟然沒有想到：待一撥又一撥的、年齡各異的、拖拉著行李的客人走出去、福成兄出現在機場出口的那一秒鐘內，我就認出了他，——也幾乎在同時，他也認出了我：一見如故！你說，老天爺安排的這個「緣分」帶來的這場和這景，不是很神奇的嗎？

他見了生疏朋友後表現出來的、不含半點虛情假意的豁達和開朗，就使我們六七個人在幾分鐘之內成了他的熟人，甚至馬上就到了無話不談的程度上。——而當今社會上那一群心懷鬼胎的、時時處處以個人利益爲首選目標、念念不忘錢權色的黨政腐敗官員，這些社會渣滓們之間的相會，哪一個不是惺惺複惺惺、假意對假意，哪有這麼感情真摯的、純天然環保的效果呢？！

更使我驚訝的是：這麼一個海內外享有盛名的高產作家，從外表上看，卻很像一個莊稼漢：並沒有因爲遠去半萬里之外而刻意打扮、刮鬍子理髮，也沒有換穿一塵不染的、嶄新的衣服，而是洗得乾乾淨淨、至少穿過三兩年以上的、褪了色的舊衣和舊鞋。唯一顯眼的是那個與他的個頭和胖瘦極不相稱的大挎包，什麼意思呢？——如果他的個子再高二三十公分、體重再增加二三十公斤的話，背上那個包包似乎才基本合適。

後來我才知道：——他的挎包裏裝了很多用於記錄和查檔的、一切必不可少的東西，每到一個地方，他發現哪個文物碑牌上寫有「有價值的資料」，立即掏出大本子記錄起來；當講解員講到什麼有助於他寫作、有助於弘揚中華文化的人和事，他也從不放過……。——而我們大陸上有些倒吊起來也滴不出一點墨水的、極其腐敗的黨政官員的做派，與陳先生恰恰相反：頭髮油光滑亮，臉皮油光滑亮，衣服油光滑亮，——其內因：是由於他們吞噬百姓血肉過多又過重，即使再腐敗三輩五輩的孽子孽孫也用之不盡，因而，他們在不正當的物質生活滿溢之餘，又貪婪於損身敗德的精神生活：把心神放在賓館小姐這麼一條可以大肆揮霍錢財的管道裏，每天下大功夫所做的那些刮鬍子、擦油臉、換衣服的動機，正是爲了迎合年輕姑娘的歡喜而做了一番欺天瞞地的掩飾。

也就是說，不講究外表打扮的道德高尚者和油頭滑面的社會渣滓，——兩種一同的外表裝束代表了兩種根本不同的、截然相反的內心世界。正如駱駝背上長的肉鞍是爲了方便人類的坐騎，而老虎獅子、惡狼野狗嘴裏長的那幾顆獠牙，卻是爲了吞吃其他動物的道理一樣。

弘揚中華道德花錢不吝嗇，卻還有羨慕名車的內心

福成兄一行三人在芮城的多日裏，不僅與當時的縣委宣傳部余妙珍部長、與吾弟的西建公司、與縣統戰部、與我《鳳梅人》共同舉辦了較有聲勢規模的文化交流會，而且多次與我、與芮城其他文友在我微型辦公室、在賓館客廳進行了不拘形式的交談和研討，可謂其樂融融、無話不講。

另外，吾弟智強還派專車載著他們去呂洞賓祠廟、關公廟、一八〇萬年前的文化遺址等文化聖地進行參觀或拜祭。前文說過：我一分鐘也離不開我的小狗——天使熊貓，

但由於飛機、旅遊景點等地方不讓寵物進，又由於我向來有這麼一個觀點在肚子裏隱藏著：人家港澳臺、德義日、美英法等有錢地方和國家的旅遊已經蔚然成風，幾乎隨便是個人每年都有一次或長或短、或遠或近的旅遊，——因此，即使哪一個人多旅遊了幾天也並不遭孽、不會被天譴。而在我們周圍，——這北方零下十幾度的寒冷中，還有多少家庭冬季生不起火爐，還有多少老人因爲兒子收入微薄、生活困難而相當恓惶，還有多少白髮蒼蒼、七八十歲的老人常常是身無分文，——這些人中，有的還是與我有血緣關係的長者或長輩，在我小時候有恩於我、每年發年歲錢給我……——如果我目無這些現狀，認爲他們的困難與自己毫無關係，因而有了錢權之後專門拿錢去旅遊，雖則合理合法、但卻是不合道德規範的醜惡行爲，自然是一定要遭受天譴的！——有以上這兩個原因在腦子裏「作怪」，所以，我僅僅只陪福成兄旅遊了一天：拜祭了洪洞的大槐樹。但就在那一天，我卻有了嶄新的、足以引起長久思考與內心不安的重大發現：

那天，汽車行至臨汾以南的高速公路上，不知誰說起了什麼，福成兄對吾弟西建公司的汽車司機陳斌斌說了關於高級轎車的事。原話我記不準了，意思是對吾弟智強坐的那輛價值一百多萬的高級轎車非常羨慕。——聽到了他的話，觀察了他的表情之後的這兩三年時間裏，我一直在想：雖則同屬卯兔、但因出生在臘月、因而小我將近一歲的他，已出版史、詩、論等書七十多部，出外時常常背著重量「可觀」的不少珍貴書籍贈送給朋友，要耗費多少精力、要用去多少台幣、人民幣和美元啊！——其中當然也包括他爲了挽救一個垂死的《鳳梅人》小報和一個垂死的我，——《山西芮城劉焦智〈鳳梅人〉報研究》一書。原來我以爲他們生活在臺灣那金山銀海裏就不會缺錢，聽了他對別人高級轎車的羨慕後我才悟出了其中的道理：思想品味的高與低，看來與身上有多少錢並沒有太大的關係。——正如我每月開支五六千元寫文編報、免費郵寄海內外贈人，也並不是有多餘的閒錢沒處花、甚至總是在經濟緊張的刀刃上行走——連辦公、休息、吃飯、會客這「四位一體」的十二平方米微型辦公室，也是臨時租用的道理一樣。不是麼？不妨粗想一下：在劣質文化這種松墨的薰陶下升了官、發了不義之橫財的那一群人的所作和所爲，又是怎樣的呢？——沒有一個人把錢花在了於百姓、於窮苦人、於國家富強有益的地方。即使偶爾拔下幾根毛到大陸、到臺灣施捨，也仍然要以新聞媒體的大肆報導爲前提，——不僅如此，還要以「接受者付出誠惶誠恐的笑臉」爲代價。真正出於仁德、不在乎個人名利、因而根本就不讓新聞媒體採訪報導的「善舉」，能找到一個嗎？說白了：此類的「善舉」，總是以「拋磚引玉」、捨一得十爲前提。而錢給了無官無權、說話不頂事的可憐人，又不讓新聞媒體去宣傳，豈不白扔了嗎？！而陳福成先生因祖先傳統文化知識的淵博、自然洞悉底蘊的「捨得」之理，對此類來說，幾乎是完全不能理解的另一國語言。

——知音啊！音知！！！

——同志啊！志同！！！

他把我們弟兄的殷勤招待當成了壓力，提前兩天離晉

文化大革命前老牌大學畢業、長春市《現代行銷》雜誌主編陳文曉先生，是文字功夫極深的作家。由於他的任職，——短短一兩年時間的運作，該雜誌由「頻臨停刊」一躍而成爲全國訂數最大的刊物之一。陳主編發表在臺北《葡萄園詩刊》一六八期的《壯懷撼人間——贈鳳梅月報主編劉焦智》一詩中，有這麼一句話：世人皆醉，惟汝獨醒；舉世皆濁，惟汝獨清。

正是由於「獨醒」、正是由於「獨清」，誠如前文中所述，自己心底裏很明白：福成兄不僅因《研究》一書的寫與印、再加上從臺北「快寄」一百多本到山西芮城，無疑是付出了極大的一筆幣。更重要的是：他使一個在死亡線上掙扎的小報與報人，得到了活下去的欲望和信心。因此，我提前幾個月就動員弟弟智強與我共同努力，在「如何對

得起福成兄」的接待上，早早就有了比較充分的準備。

但是沒有想到：這樣做，反而使本來計畫在芮城住九天的福成兄一行三人，只七天就一定要離開，言說要到鄭州、西安逛兩日。因而我讓弟弟派一輛車送他們到鄭州。

後來從他發來的《山西芮城三人行》一書二校稿件中我才得知：福成兄一行在鄭州機場送吳元俊先生搭機返台之後，他與吳信義先生乘高鐵到西安住下，由於地方生疏、晚上轉悠回來時，半夜找不見中午登記、放有行李的賓館，在「人困馬乏」中受了半夜的苦淒！

至今我寫到這裏，還不由得兩眼汪汪、幾乎落淚：深感自己對不起這個「救命知己」。我一直這樣想，《論語》雲：「吾日三省吾身」，——自己做到了嗎？對得起朋友嗎？雖則自己後來細細思考後才明白：他提前離晉，是因爲我們弟兄的殷勤招待而實在過意不去、因而爲了減少我們的負擔才臨時定了個去鄭州的「大計」，而我當時只認爲他們對古城西安有興趣，真的想「逛一逛」。但即便是這樣，爲什麼自己沒有親自送他們到鄭州、再隨他們到西安、以自己對西安熟悉的底子引他們在西安逛一半日、次日再送他們上了飛機之後自己再回來？——如果是這樣，哪有「人困馬乏半夜、死活找不到賓館」的那一幕悲劇！如果我這樣做了，豈能受到孔子、曾子的批評：「爲人謀而不忠乎？與朋友交而不信乎？傳不習乎？」——打個顛倒：如果有朝一日我去了臺灣，在人生地不熟的情況下要求「自由行」，——如果他也和我一樣：「順手牽羊」、任我「自由」，我也在異地異鄉發生了類似他在西安發生的那一切，是多麼難以忍受和可怕場面啊！——「己所不欲，勿施於人」啊！

我的父親生前曾不斷告誡我們：爭著不足，讓著有餘。道理很簡單：手裏有百萬、千萬、幾億人民幣的黨政腐敗官員，他們還嫌少，還要盤剝可憐人身上那幾個被血汗浸得半濕、來之不易的小錢，因而他們與人民之間的敵對情緒日甚一日，群體性騷亂事件不斷發生。而福成兄、以及我們這些沒有多少錢的人，卻能相互謙讓：當自己與朋友相處時，儘量做到盡心盡力，——並把這「心」和「力」的盡，當作自己應做的事；對朋友的要求呢？像福成兄這樣：總是以「儘量少地給朋友帶來麻煩」爲前提。因而總有對不住朋友的感情在肚子裏積存，伺機報答。——這狀況，與腐敗官員們之間禽獸般地爭鬥相比，哪個更舒坦呢？

說來說去一句話：祖先的傳統文化，還真是好啊！

尾聲

僅僅只從福成兄幾天時間裏言行舉止的幾件小事上，我就寫了這麼多，而且還有相當大的「意猶未盡」之感在心裏強忍。如果稍下一些功夫，去探索他的著作和他純真、純善、純美的心靈，則至少要寫百萬字的兩三本巨著，——但願我生前能夠完成它。現在，就讓國父孫中山給這塊「中華大廈的柱石」下個結論吧：

偉人孫中山生前曾親筆寫道：道以實而立，事惟公乃成。作爲孫中山弟子的福成兄，他是傳承中華文化的一塊強硬無比的柱石，因他的存在和努力，中華大廈也得以永固。——在這個道上，他「以實」應對；在這件事上，他「惟公」無私。

而我，能夠作爲他的學生，則幸甚！

壬辰年正月二十四申時完稿於鳳梅微型辦公室

尾聲：悠揚的詩歌響起

准成都人

——給陳福成

木　斧

我怎麼看你
怎麼也不像成都人
你去過寬巷子窄巷子
這就是你想像中的成都

以前成都到處都是寬窄巷子
連李劼人認為最繁華的東大街
那裡也沒有寬闊的街面
那裡也沒有來回奔馳的汽車
下次你再來寬窄巷子

最好找個露天茶館坐下
悠悠緩緩彈一曲吉他
你儼然就是個老成都人了。

葡萄園詩刊，第一九〇期，二〇一一年五月。

小記：這首詩經一年多後，木斧先生有小小的修正，詩末的「吉他」改「琵琶」二字，較合乎中國意象。

詩，沒有盡頭

——回陳福成教授評論鴻文

范揚松

熙攘車聲一句驚叫，路燈紛紛
探頭映照，你匆匆離去的足跡
孤獨，在喧嘩中寂寞地戀戀絮語
駭然驚覺手中的餘溫，頓已結冰
昨天喧囂的鑼鼓，在季節裏沈默
背影，時空壓縮後竟隱入體內
成蠱，日夜啃噬揮之不去的痛

（荒蕪阡陌，腳印丈量著千山萬水
指針的方位，叫不出城市的名字）

沿著思路，總在每個感官出口
找尋一處岩灣靠岸，逆流的水勢
翻飛記憶洶湧，如何在漂蕩中
擊住潛藏江底的暗礁，銘刻著
狂飆日子裏，青春不悔的祕語
我們用唇的熾熱，交互解讀著
身世，心悸的響聲追趕著血流
回首頻頻，時時警惕岐途險境
突然竄出的蛇蠍與埋伏的深淵
山窮天際，水複無路，苦——苦
思索；一個意象與韻腳如何安置
而蠱，肉身餵養多年後紛然欲動
（不設防的邊境，散落著愛情碎片
絲路，在華麗中黯然斑駁——褪色）

滾滾黃沙，撲擊頹廢已矣的城牆
你隱身別有洞天的石窟，鎮定如佛
我面壁十年，孜孜鉤勒光影的樣貌
午夜靜寂中，飛天身姿破牆而出
旋飛如激湍，筆勢曲折狂亂不已
一次又一次描摹，卻卻終成敗筆
蠱，仍緊緊咬痛輾轉難眠的夜——

二〇〇七・七・七

速寫詩友陳福成

范揚松

堅毅腳筋踏過魍魎沼澤，心碎於花飛花落
穿紅衫蓄怒髮千百丈，把肝膽裝置成炸彈
在凱達格蘭高聳墓碑前，不時——自行引爆

註記：老友范揚松先生爲八位詩友速寫，另七位詩友是吳明興、胡爾泰、吳家業、方飛白、藍清水、呂佩橙、劉淑蕙。

洄游的鮭魚

——陳福成《洄游的鮭魚》詩集讀後

萬　嵩

用一支詩筆代父還鄉
在大佛的藍天裡取暖
在峨眉的濃霧裡尋找詩意
鄉音是永不老的詩句

萬嵩，葡萄園詩刊，一九一期
二〇一一年秋季號

給台灣《華夏春秋》雜誌主編陳福成

金　土

他是炎黃子孫
他是播種在孫中山上
孔子學院精心培育的一棵樹
根深幹壯，枝繁葉茂
千里流淌著中華民族的血
葉上寫滿了春秋正義
可台灣的海風很大
曾把樹枝吹搖、樹葉吹擺
扎在祖籍四川的根
從來沒有搖擺

葡萄園詩刊，一九一期
二〇一一年秋季號

一條嚮往巴蜀原鄉的鮭魚

——讀詩人陳福成大作有感

雪　飛

你的出生地
雖不在原鄉巴蜀老家
但你一直嚮往
那條與出生地同樣可愛的
讓你能安心產卵的河
等到現在，終於有機會
游洄那條可使你安心產卵的河了
而且還有你所說的
我們九條「名貴魚種」陪伴
你說你一直都是「玩真的」

的確，這次從頭到尾
你都在寫筆記、做功課
照相、作詩……
將所見所聞一一搜錄
從論壇開幕
打開詩歌的「潘朵拉」。
接著寫出「金刀峽傳奇」的詩
看熊貓，謁見樂山大佛
欣賞伏虎市、報國市的對聯
描寫峨眉山、老街、再加武侯祠
尤其對「蜀風雅韻」中
川劇的變臉絕技
更有深入分析……

這次幸好，你真的玩出了

有圖、有文、有詩的不朽創作
否則像我這位隨便玩玩
一直不用功的學生
今後要重溫舊夢，又那裡
去找補習教材？

二〇一〇年一月二十七日晚

附註：鮭魚爲河豚別名，有洄游至出生地河流下游產卵本性。陳福成先生大作：《洄游的鮭魚》。

送您一座山

台客

送您一座山
皚皚而靄靄，雪線
在您的視覺之上
您曾經或不曾登臨
一處絕美的聖潔之域

送您一座山
青翠草木茂密成長
花開鳥啼處處生機
您曾經或不曾攀爬
流連嚮往之心常有

送您一座山
一粒小石可窺大山
用眼睛仔細品嘗
用心靈靜靜傾聽
每天爬它一回不厭倦

後記：吾友陳福成君酷愛爬山，日昨惠我《尋找一座山》個人詩集一冊，無以回報，因贈個人收藏山形小石一顆，並成此詩志之。

二〇〇二年

按：本詩收錄於：台客，《星的堅持》，中國，重慶出版社，二〇〇五年六月。

陳福成 80 著編譯作品彙編總集

編號	書　　名	出版社	出版時間	定價	字數（萬）	內容性質
1	決戰閏八月：後鄧時代中共武力犯台研究	金台灣	1995.7	250	10	軍事、政治
2	防衛大臺灣：臺海安全與三軍戰略大佈局	金台灣	1995.11	350	13	軍事、戰略
3	非常傳銷學：傳銷的陷阱與突圍對策	金台灣	1996.12	250	6	傳銷、直銷
4	國家安全與情治機關的弔詭	幼　獅	1998.7	200	9	國安、情治
5	國家安全與戰略關係	時　英	2000.3	300	10	國安、戰略研究
6	尋找一座山	慧　明	2002.2	260	2	現代詩集
7	解開兩岸 10 大弔詭	黎　明	2001.12	280	10	兩岸關係
8	孫子實戰經驗研究	黎　明	2003.7	290	10	兵學
9	大陸政策與兩岸關係	黎　明	2004.3	290	10	兩岸關係
10	五十不惑：一個軍校生的半生塵影	時　英	2004.5	300	13	前傳
11	中國戰爭歷代新詮	時　英	2006.7	350	16	戰爭研究
12	中國近代黨派發展研究新詮	時　英	2006.9	350	20	中國黨派
13	中國政治思想新詮	時　英	2006.9	400	40	政治思想
14	中國四大兵法家新詮：孫子、吳起、孫臏、孔明	時　英	2006.9	350	25	兵法家
15	春秋記實	時　英	2006.9	250	2	現代詩集
16	新領導與管理實務：新叢林時代領袖群倫的智慧	時　英	2008.3	350	13	領導、管理學
17	性情世界：陳福成的情詩集	時　英	2007.2	300	2	現代詩集
18	國家安全論壇	時　英	2007.2	350	10	國安、民族戰爭
19	頓悟學習	文史哲	2007.12	260	9	人生、頓悟、啓蒙
20	春秋正義	文史哲	2007.12	300	10	春秋論文選
21	公主與王子的夢幻	文史哲	2007.12	300	10	人生、愛情
22	幻夢花開一江山	文史哲	2008.3	200	2	傳統詩集
23	一個軍校生的台大閒情	文史哲	2008.6	280	3	現代詩、散文
24	愛倫坡恐怖推理小說經典新選	文史哲	2009.2	280	10	翻譯小說
25	春秋詩選	文史哲	2009.2	380	5	現代詩集
26	神劍與屠刀（人類學論文集）	文史哲	2009.10	220	6	人類學
27	赤縣行腳・神州心旅	秀　威	2009.12	260	3	現代詩、傳統詩
28	八方風雨・性情世界	秀　威	2010.6	300	4	詩集、詩論
29	洄游的鮭魚：巴蜀返鄉記	文史哲	2010.1	300	9	詩、遊記、論文
30	古道・秋風・瘦筆	文史哲	2010.4	280	8	春秋散文
31	山西芮城劉焦智（鳳梅人）報研究	文史哲	2010.4	340	10	春秋人物
32	男人和女人的情話真話（一頁一小品）	秀　威	2010.11	250	8	男人女人人生智慧

陳福成80著編譯作品彙編總集

編號	書名	出版社	出版時間	定價	字數（萬）	內容性質
33	三月詩會研究：春秋大業18年	文史哲	2010.12	560	12	詩社研究
34	迷情・奇謀・輪迴（合訂本）	文史哲	2011.1	760	35	警世、情色
35	找尋理想國：中國式民主政治研究要綱	文史哲	2011.2	160	3	政治
36	在「鳳梅人」小橋上：中國山西芮城三人行	文史哲	2011.4	480	13	遊記
37	我所知道的孫大公（黃埔28期）	文史哲	2011.4	320	10	春秋人物
38	漸陳勇士陳宏傳：他和劉學慧的傳奇故事	文史哲	2011.5	260	10	春秋人物
39	大浩劫後：倭國「天譴說」溯源探解	文史哲	2011.6	160	3	歷史、天命
40	臺北公館地區開發史	唐　山	2011.7	200	5	地方誌
41	從皈依到短期出家：另一種人生體驗	唐　山	2012.4	240	4	學佛體驗
42	第四波戰爭開山鼻祖賓拉登	文史哲	2011.7	180	3	戰爭研究
43	臺大逸仙學會：中國統一的經營	文史哲	2011.8	280	6	統一之戰
44	金秋六人行：鄭州山西之旅	文史哲	2012.3	640	15	遊記、詩
45	中國神譜：中國民間信仰之理論與實務	文史哲	2012.1	680	20	民間信仰
46	中國當代平民詩人王學忠	文史哲	2012.4	380	10	詩人、詩品
47	三月詩會20年紀念別集	文史哲	2012.6	420	8	詩社研究
48	臺灣邊陲之美	文史哲	2012.9	300	6	詩歌、散文
49	政治學方法論概說	文史哲	2012.9	350	8	方法研究
50	西洋政治思想史概述	文史哲	2012.9	400	10	思想史
51	與君賞玩天地寬：陳福成作品評論與迴響	文史哲	2013.5	380	9	文學、文化
52	三世因緣：書畫芳香幾世情	文史哲				書法、國畫集
53	讀詩稗記：蟾蜍山萬盛草齋文存	文史哲	2013.3	450	10	讀詩、讀史
54	嚴謹與浪漫之間：詩俠范揚松	文史哲	2013.3	540	12	春秋人物
55	臺中開發史：兼臺中龍井陳家移臺略考	文史哲	2012.11	440	12	地方誌
56	最自在的是彩霞：台大退休人員聯誼會	文史哲	2012.9	300	8	台大校園
57	古晟的誕生：陳福成60詩選	文史哲	2013.4	440	3	現代詩集
58	台大教官興衰錄：我的軍訓教官經驗回顧	文史哲	2013.10	360	8	台大、教官
59	爲中華民族的生存發展集百書疏：孫大公的思想主張書函手稿	文史哲	2013.7	480	10	書簡
60	把腳印典藏在雲端：三月詩會詩人手稿詩	文史哲	2014.2	540	3	手稿詩
61	英文單字研究：徹底理解英文單字記憶法	文史哲	2013.10	200	7	英文字研究
62	迷航記：黃埔情暨陸官44期一些閒話	文史哲	2013.5	500	10	軍旅記事
63	天帝教的中華文化意涵：掬一瓢《教訊》品天香	文史哲	2013.8	420	10	宗教思想
64	一信詩學研究：徐榮慶的文學生命風華	文史哲	2013.7	480	15	文學研究

陳福成 80 著編譯作品彙編總集

編號	書　　　　　　　　名	出版社	出版時間	定價	字數（萬）	內容性質
65	「日本問題」的終極處理 ── 廿一世紀中國人的天命與扶桑省建設要綱	文史哲	2013.7	140	2	民族安全
66	留住末代書寫的身影：三月詩會詩人往來書簡	文史哲			6	書簡、手稿
67	台北的前世今生：圖文說台北開發的故事	文史哲	2014.1	500	10	台北開發、史前史
68	奴婢妾匪到革命家之路：復興廣播電台謝雪紅訪講錄	文史哲	2014.2	700	25	重新定位謝雪紅
69	台北公館台大地區考古・導覽	文史哲				
70	那些年我們是這樣談戀愛寫情書的（上）	文史哲				
71	那些年我們是這樣談戀愛寫情書的（下）	文史哲				
72	我的革命檔案	文史哲				革命檔案
73	我這一輩子幹了些什麼好事	文史哲				人生記錄
74	最後一代書寫的身影：陳福成的往來殘簡殘存集	文史哲				書簡
75	「外公」和「外婆」的詩	文史哲				現代詩集
76	中國全民民主統一會北京行：兼全統會現況和發展	文史哲			5	
77	60 後詩雜記現代詩集	文史哲				現代詩集
78	胡爾泰現代詩賞記	文史哲			8	現代詩欣賞
79	從魯迅文學醫人魂救國魂說起	文史哲			10	文學
80		文史哲				
81						
82						
83						
84						
85						
86						
87						
88						
89						
90						
91						
92						
93						
94						
95						

陳福成國防通識課程著編作品

（各級學校教科書）

編號	書　　名	出版社	教育部審定
1	國家安全概論（大學院校用）	幼　獅	民國 86 年
2	國家安全概述（高中職、專科用）	幼　獅	民國 86 年
3	國家安全概論（台灣大學專用書）	台　大	（台大不送審）
4	軍事研究（大專院校用）	全　華	民國 95 年
5	國防通識（第一冊、高中學生用）	龍　騰	民國 94 年課程要綱
6	國防通識（第二冊、高中學生用）	龍　騰	同
7	國防通識（第三冊、高中學生用）	龍　騰	同
8	國防通識（第四冊、高中學生用）	龍　騰	同
9	國防通識（第一冊、教師專用）	龍　騰	同
10	國防通識（第二冊、教師專用）	龍　騰	同
11	國防通識（第三冊、教師專用）	龍　騰	同
12	國防通識（第四冊、教師專用）	龍　騰	同

註：以上除編號 4，餘均非賣品，編號 4 至 12 均合著。